U0507197

和谐校园文化建设读本

锦绣东方

任晓隽/编写

吉林教育出版社

图书在版编目(CIP)数据

锦绣东方 / 任晓隽编写. － 长春：吉林教育出版
社，2012.6（2022.5重印）
（和谐校园文化建设读本）
ISBN 978－7－5383－8813－8

Ⅰ．①锦… Ⅱ．①任… Ⅲ．①中华文化－文化史－青
年读物②中华文化－文化史－少年读物 Ⅳ．①K203－49

中国版本图书馆 CIP 数据核字(2012)第 116035 号

锦绣东方　　　　　　　　　　　　　　　　　　　　　　任晓隽　编写

策划编辑　刘　军　　潘宏竹
责任编辑　付晓霞　　　　　　　　　　　　　　装帧设计　王洪义

出版　吉林教育出版社(长春市同志街 1991 号　邮编 130021)
发行　吉林教育出版社
印刷　北京一鑫印务有限责任公司

开本　710 毫米×1000 毫米　1/16　　13 印张　　字数　165 千字
版次　2012 年 6 月第 1 版　2022 年 5 月第 3 次印刷
书号　ISBN 978－7－5383－8813－8
定价　39.80 元

吉教图书　　版权所有　　盗版必究

编 委 会

主　　编：王世斌

执行主编：王保华

编委会成员：尹英俊　尹曾花　付晓霞

　　　　　　刘　军　刘桂琴　刘　静

　　　　　　张　瑜　庞　博　姜　磊

　　　　　　潘宏竹

　　　　　　（按姓氏笔画排序）

总　序

千秋基业，教育为本；源浚流畅，本固枝荣。

什么是校园文化？所谓"文化"是人类所创造的精神财富的总和，如文学、艺术、教育、科学等。而"校园文化"是人类所创造的一切精神财富在校园中的集中体现。"和谐校园文化建设"，贵在和谐，重在建设。

建设和谐的校园文化，就是要改变僵化死板的教学模式，要引导学生走出教室，走进自然，了解社会，感悟人生，逐步读懂人生、自然、社会这三部天书。

深化教育改革，加快教育发展，构建和谐校园文化，"路漫漫其修远兮"，奋斗正未有穷期。和谐校园文化建设的研究课题重大，意义重要，内涵丰富，是教育工作的一个永恒主题。和谐校园文化建设的实施方向正确，重点突出，是教育思想的根本转变和教育运行机制的全面更新。

我们出版的这套《和谐校园文化建设读本》，全书既有理论上的阐释，又有实践中的总结；既有学科领域的有益探索，又有教学管理方面的经验提炼；既有声情并茂的童年感悟，又有惟妙惟肖的机智幽默；既有古代哲人的至理名言，又有现代大师的谆谆教诲；既有自然科学各个领域的有趣知识，又有社会科学各个方面的启迪与感悟。笔触所及，涵盖了家庭教育、学校教育和社会教育的各个侧面以及教育教学工作的各个环节，全书立意深邃，观念新异，内容翔实，切合实际。

我们深信：广大中小学师生经过不平凡的奋斗历程，必将沐浴着时代的春风，吸吮着改革的甘露，认真地总结过去，正确地审视现在，科学地规划未来，以崭新的姿态向和谐校园文化建设的更高目标迈进。

让和谐校园文化之花灿然怒放！

本书编委会

目 录

东方雄鸡

当你站在世界地图前就会发现,中华人民共和国的版图像一只昂首高唱的雄鸡,屹立在世界的东方。黑龙江千里沃野为冠,内蒙古万里苍茫如脊;阿尔泰山、喀拉昆仑山、喜马拉雅山似雄健翘起的美丽尾羽,而秀丽富饶的东南沿海,勾勒出坚实丰满的胸膛。造化之神似乎是更加着意于这只雄鸡的完美,在鬼斧神工地雕凿完身躯之后,还不忘补全最后两笔:四季如春的海南,物阜民丰的台湾,就像是雄鸡迈开的双腿,遨游于广阔无垠的大海。

中国位于亚洲的东部,太平洋的西岸,是世界上领土面积继俄罗斯、加拿大之后第三大的国家,陆地总面积约 960 万平方千米。如果加上内海和领海,则总领域面积超过 1260 万平方千米。陆地边界线长 2.28 万千米,与越南、老挝、缅甸、印度、不丹、尼泊尔、巴基斯坦、阿富汗、塔吉克斯坦、吉尔吉斯斯坦、哈萨克斯坦、俄罗斯、蒙古、朝鲜等 14 个国家接壤;大陆海岸线长 1.8 万千米,海岛岸线长 1.4 万多千米,与韩国、日本、菲律宾、马来西亚等国家隔海相望。

中国领土的最东端在黑龙江省抚远县黑龙江与乌苏里江汇合处(东经 135°05′),这里有我国最东端的岛——黑瞎子岛和最东面的城镇——抚远县乌苏镇,是中国日出最早的地区之一,守卫中俄边境的"东方第一哨"就建立在乌苏镇上。每当夏至来临,还不到清晨 3 点,这里已是霞光万道、旭日东升了。星罗棋布的湖泊，两条闻名遐迩的大江，蕴藏了丰富的鱼类资源，其中大马哈鱼、鲟鳇鱼及所产鱼子更是闻名世界。

中国的最西端在亚洲中部的帕米尔高原上，位于新疆维吾尔自治区克孜勒苏柯尔克孜自治州乌恰县的吉根乡斯姆哈纳村（东经 73°40′）。这里是中国与吉尔吉斯斯坦的交界处，草场连绵，群山拱卫，是新疆特有的少数民族柯尔克孜族居住的地方，盛产牛羊。这里也是中国最后送走阳光的地方，2000 年 12 月 31 日，克孜勒苏柯尔克孜自治州曾经在此举办盛大的晚会，主题就是"送走 20 世纪最后一缕阳光"。

中国的最东端与最西端横跨经度 62°以上，按每 15°一个时区计算，东西相差 4 个时区，当乌苏镇的人们已经上船捕鱼的时候，吉根乡的牧民们还沉睡在美梦之中；而当黑瞎子岛鸟栖雁止、万籁俱寂，斯姆哈纳却是牛羊晚牧、炊烟初起。

中国的最北端在黑龙江省漠河县北极乡（原漠河乡）北面的黑龙江的主航道中心线上（北纬 53°33′），气候寒冷。夏季只有 15 天左右，夏季白昼最长时却长达 19 个小时以上。北极村是中国观赏极光的唯一最佳地点，号称"神州北极""金鸡冠上的绿宝石"，因此即使在平时也是中外游客向往的地方，而每当夏至前后的十几天内，绚丽多彩、变幻莫测的极光更会吸引成千上万的中外游人来此驻留，体味北国特有的风情。

中国的最南端在南海的曾母暗沙（北纬 3°58′）附近。曾母暗沙是坐落在中国南海南部大陆架上的丘状珊瑚暗礁，属海南省管辖，距广东省大陆 1900 千米，相当于广东到北京的距离。暗礁礁体上有 30 多种造礁生物和附礁生物，其中中华蔷薇珊瑚最多。常年如夏的热带海洋景观，丰富的渔业资源和海底矿藏资源,加之它濒临连通太平洋与印度洋的重要海上通道,使曾母暗沙成为众目所瞩的资源宝库和战略要地。

由中国最南端的曾母暗沙到最北端的北极村,纵跨纬度近50度,南北气候差异极大,当北极村正是冰封雪飘、银装素裹的隆冬,江南已是草长莺飞的仲夏,而南海诸岛则花果飘香,一片盛夏景象。中国的温度带由南至北依次为热带、亚热带、温带,气候类型多样,因此也孕育了多样的生物资源,使中国成为世界上物产最丰富的国家之一。

中国由最东到最西的直线距离为5200多千米,由南至北的直线距离为5500多千米。广阔辽远的土地上山川纵横,浩渺无边的海洋上风云变幻,在交通极不发达的年代,成为影响人们出行的阻碍。在过去兵荒马乱、战火频仍的日子里,中原大地民不聊生,闯关东、走西口去寻生路,1000多千米的距离,人们就要走一个多月。他们背着特制的干粮——山东人、河南人的大煎饼,山西人的锅盔、馍,迤逦在山川旷野之间,尝尽了旅途的辛劳——而内蒙古、东北与中原的通道还是相对平坦的通途,如果想穿越沙漠戈壁去新疆,克服冰雪飞石、高原反应与生命禁区去西藏,则是九死一生的畏途。就连到素有"天府之国"之称的四川,因为秦岭和巴巫二山的阻隔,也被认为是"黄鹤之飞尚不得过,猿猱欲度愁攀援"的苦旅。交通的不便,给经济发展及民间交往带来了极大困难。在古代,东北人想吃广东的水果是不可想象的,唐朝皇帝的爱妃杨玉环才可能吃到驿站用800里快马昼夜兼程送来的岭南荔枝:"长安回望绣成堆,山顶千门次第开。一骑红尘妃子笑,无人知是荔枝来",就是描写这一情景的。800里快马,那是通报大规模边境战争或叛乱才能动用的,由此可见几颗荔枝来之不易。即使是在 20 世纪中叶,内陆人也很难尝到海鲜,因为路途阻隔,海鲜运到内陆早已变质了。

中华人民共和国成立以后,尤其是 1978 年改革开放以后,中国的交通运输业得到了迅速发展。在东部发达地区,乡间公路和村间公路都已经变成了水泥或沥青路面,物资及商旅运输更加方便快捷。随着 2006 年 7 月 1 日青藏铁路的建成通车,中国最后一片没有大规模运输能力、号称"地球上最神秘的地方"——西藏,也纳入中国铁路交通网之中。现在,来自台湾和海南的新鲜果蔬可以在 4 日之内到达任何一个大中城市的摊位之上,重要的物资通过空运可以在 6 个小时之内到达国内的任何地域,而通过发达的交通网络,人们可以极其方便地到中国的任何一个地方去旅行。

广袤的国土、纵横的山川、汹涌的江河、浩瀚的湖海、苍茫的戈壁沙漠、莽莽的雪域高原,丰富多彩的地域物产,各具特色的地域风物,造就了锦绣中华一片春意盎然的人间乐土。

美哉,东方雄鸡!

炎黄子孙

中国是世界上出现人类活动最早的地区之一。据科学研究考证,45 亿年前,地球诞生;10 亿年前,地球上出现生命;450 万年前,最接近人类的、能够直立行走的猿人在非洲出现——这是世界公认的最早的人类先祖。而在中国,200 万年前,重庆的长江三峡地区就已生存着巫山人;170 万年前,云南元谋猿人数量已经较多;110 万年前,陕西灞河两岸已有蓝田猿人生活;70 万年前,北京地区出现人类活动;7000 年前,浙江河姆渡人已进入母系氏族的繁荣时期;6000 年前,类似陕西西安半坡氏族的仰韶文化在黄河流域的关中地区就已至少留存下 400 多处遗址……到近 5000 年前的公元前 2718 年,黄帝诞生;公元前 2697 年,黄帝成为有熊国国君,创立了统一的原始社会的第一个联盟国家,并主持创制了文字。

这是一串稍显呆板的数字,但在这串数字背后,有着人们无法历数的漫长悠远的岁月。生命起源至今还是一个谜团,而人类在这个地球上进化的历史更是众说纷纭。没有谁能说清在几百万年周而复始的年轮中到底蕴藏着多少人类摸索自身生命奥秘的沧桑坎坷,也无从查考在风雨如晦或阳光普照的山川林莽中人类如何发挥出略胜一筹的智慧,最终战胜了其他动物,终于站在进化之巅。到目前为止,人们只能通过解读那些深埋于地下的遗迹来想象或推测 5000 年以前在巨大的时空中人类的生产和生活,即使在文字出现以后的相当长的一个时间段内,由于初期文字的简朴,仍然需要依靠这种想象和推理来替代性地填充曾经存在的历史真实。好在中国文字自黄帝时期开始发展速度越来越快,人类文明活动被描绘得越来越清晰和全面,一个伟大的中华民族的形象越来越生动具体。

现在人们知道,中华民族的祖先是黄帝,与黄帝处于同一时期统治黄河流域的另一个部落叫炎帝,因此中国人都称自己是炎黄子孙,而黄河是中国文明的发源地。虽然长江是孕育中华文明的另一条大河,但正是文字的创制使黄河这条呈"几"字形横贯中国北方的、带有浓郁土地气息的河流成为中国人心中的母亲河。我们在文字中可以找到黄河文明发展自黄帝开始后的所有线索,包括黄帝、炎帝与长江中下游地区首领蚩尤的拼杀,黄帝与炎帝的争斗,也包括黄帝发展农业生产、创造文字、始制衣冠、建造舟车、发明指南车、定算术、制音律、创医学等丰功伟绩。事实上所有人都知道,即使黄帝活了 121 岁,在位统治了 100 年,但这样多的创造显然也是不可能的,只不过是承继了前人的成果并集思广益而已。但此前的历史无从考究,万事当然只能从黄帝开始。于是,在黄河流域仅黄帝的出生地据传说就有三处:西北黄土高原的沮源关、今河南新郑的轩辕丘、山东的曲阜,而这一带正是中国传统意义上的中原地带。中华文明于是沿着中原这片区域向四周扩展开来,如黄河九曲一般,蜿蜒流淌,汪洋恣肆,浸漫滋润了中华大地悠悠 5000 载。

围绕着黄河中下游这片土地,中国人近 5000 年来创造文明的活动相当精彩,在科学技术和文化领域,创造了闻名世界的辉煌成就,譬如尽人皆知的四大发明——火药、指南针、造纸术、印刷术。但中国的近 5000 年又充满了无奈:自黄帝以始,历经少昊、颛顼、帝喾、尧、舜等五帝的原始社会,经过夏、商、西周的奴隶社会,进入到春秋战国以后长达 2000 多年的封建社会,中华大地上前后经历了包

黄帝

括两汉、三国、两晋、南北朝、隋、唐、五代十国、两宋、辽、西夏、金、元、明、清在内的 40 多个朝代的更迭,建立过上百个大大小小的国家。无情的战火一次又一次地摧残着生活在这片土地上的人民,中华文明也只能在百劫余生中一次次重新创建或修复。不过令人既感到庆幸又觉得神秘的是,在这样不断的分分合合、每每以无数生命和鲜血为代价的动荡中,以黄河为发源地的文明居然不仅逐步扩展并同化了塞北江南、高原大漠,形成了丰满的中华文明,而且还伴随着与世界各民族的交流交往,影响着全世界的文明进程。

在中国的疆域里,到处可见拥有悠久历史的城镇。仅号称六朝古都的城市就有河南洛阳、开封,陕西西安,江苏南京这 4 座。其他如以物产闻名、以文化闻名、以风物闻名的城镇更是数不胜数。在这些城镇里,一块砖,一棵树,一座宅院,一条小溪,都可能承载着叱咤风云的记忆,如泣如诉的幽怨、逸兴遄飞的文思、深邃高妙的哲理——逝去的历史并没有烟消云散,它们附着于城镇的每一个角落,久久散发着幽香。

在中国的土地上，到处分布着拥有神奇传说的山川野泽、江河湖海。三山五岳、五湖四海，仅仅是一个概括性的表述。在没有文字记载的几百万年间，中国人就与这片土地上美丽壮阔而又苍茫神秘的自然生死相依、世代相处，情之所系，心之所念，用5000年的语言文字表达出来，因此拥有了黄土高原一样浑厚古朴的质感。这种情感的积淀，维系着中华民族永不衰竭的凝聚力，伴随着炎黄子孙走遍世界，然后叶落归根。

联合国《人口发展趋势的决定因素及后果》这一报告指出，虽然到20世纪初期为止地球上曾经生活过超过1000亿人，但在公元前8000年以前，地球上总共生活了不超过500万人。中国人口一直占世界人口的多数，稳定在25%～30%的比例左右。据此来看，中国这片土地上至20世纪初期至少生存过250亿以上的人口，而由此可以推断，在中国5000年的文明史中，至少有超过200亿人生活其间。200亿，5000年，炎黄子孙以量的积累和质的超越，谱写着一曲中华民族高亢旷远的文明颂歌。这歌声就像中国地势由西至东滑落的阶梯上依然高低错落、起伏跌宕的大自然的旋律，与散落于四面八方、灿若星辰的众多族群词语相应和，完整而深刻地诠释了一曲意境开阔、余音绕梁的中华儿女的生命乐章。

青藏高原

中国是一个拥有 56 个民族的多元化的国家,围绕着中原汉文化为中心,向四周扩展,形成了内容丰富、各具特色的地域性民俗文化。中国的地势西高东低,以青藏高原为第一阶梯,云贵、黄土、内蒙古三大高原和塔里木、准噶尔、四川三大盆地为第二阶梯,东北平原、华北平原、长江中下游平原和东南丘陵为第三阶梯,围绕中国东南的大海及其中岛屿为第四阶梯。如果将中国的民族分布区域与这一地势状态互相对照,就会发现一个有趣的现象:离传统意义上的中原越远,地势越高,地形地势越复杂,民族的分布数量就越多,地域文化的特色就越鲜明。比如云南省,局部地域内的海拔高差极大,纵向山脉并列,严重阻隔了交通,所以境内分布着除汉族以外的 26 个民族,几乎所有相对封闭独立的山川水泊间都有一个拥有自己独特文化的民族。文化相互影响的程度与地理距离及高度成反比,这大概是地理文化论的又一个最好例证。好在中原文化以儒道精神为涵养,在历史上对各民族的文化基本上采取了包容态度,因此形成了中国多民族文化的大融合局面。

孕育中华文明的黄河发源于中国的第一级阶梯——青藏高原。事实上人们可以看到,几乎所有的文明奇迹都发生在河流周边,而所有河流都从一座高山开始。作为中国第一阶梯的青藏高原,几乎包揽了中国大部分大河的生育权——北向流入新疆塔里木盆地的众多河流,东向蜿蜒入海、长达 5464 千米的黄河与 6300 千米的长江,南向而流的澜沧江和怒江,先东后西的雅鲁藏布江,每一条大河都是一系列文明传奇的开始,这让青藏高原这片土地充满了神奇色彩。

青藏高原

这片在中国地形图上涂成棕褐色的区域,实际上却是一片拥有着四季银白冰雪的世界。青藏高原的平均海拔在 4000 米以上,素有"世界屋脊"之誉。它位于中国的西部及西南部,包括西藏自治区、新疆维吾尔自治区南部、青海全部、甘肃省西南部、四川省西部及云南省西部,面积达 240 万平方千米。在这片广阔的区域内,海拔 6000 米以上的山峰就达 80 余座,其中包括了海拔 8844.43 米的世界第一高峰、号称"世界第三极"的珠穆朗玛峰。由于地势极高,青藏高原 4000 米以上的地域林木稀少,但各类草地所占面积超过 60%。广袤的绿色如茵的草场上牛羊野牧,远方的群山上白雪皑皑,碧蓝的天空中云朵悠悠,纯净的空气里混合着泥土和野花的清香;间或一声鸟鸣鹰啸划破仿佛亘古永存的沉寂,于是牧歌突起,声音激越苍凉,宛若天籁。

世界上恐怕再没有一个地方能像青藏高原这样与天如此接近。在寂静的夜晚,星星仿佛触手可及;在曙光初现的早晨,云雾缠绕身边。气势磅礴的群山与天相接,辽远廓大的草场一望无垠……人在大自然面前的渺小与孤独,压迫着人类与自己的心灵对话,与苍茫的自然交流,与似乎千古不变的命运论争。当所有内心的冲突归于平静,天地悠悠,岁月悠悠,野草枯荣,自然的轮回依旧。于是人们理解了藏民们用他们的身体去丈量土地的意义——那是一种人力对伟大自然力的虔诚的膜拜,于是人们终于明白了每一座大山之下那些飘扬的经幡的内涵,屹立于云霄之中的圣山,寄托了人类发自灵魂深处的对造物主深深的尊崇。

文化与文明总是与水结缘。很难想象,在青藏高原这样的高海拔地区,水居然是大自然的主旋律。除去终年不化的积雪,亘古长存的冰川,单只是大大小小的湖泊就将近2000个。青海湖,纳木错,羊卓雍错,玛旁雍错,更是青藏高原地区佛教信徒心中的神圣之地,一年四季,虔诚的人们携妻挈子,逐日而居,绕湖跪祷。当然,在藏教信仰中,任何一片湖水都是神圣的,它们有的是男性,有的是女性,要么是圣山之神的妻子,要么是某地的圣物。于是雪山巍巍,芳草萋萋,溪流淙淙,湖水清清,牦牛遍野,天碧如洗,藏羚羊在可可西里的原野中仙踪偶现,白天鹅在寒来暑往中惊鸿一瞥,大自然为青藏高原勾勒出了一幅独有的世外桃源的景象;而到处可见的寺庙,定时回响的号角声和唱经声,手持转经筒的信徒,一步一拜的朝圣者,形成了青藏高原特有的人文景观。

在所有藏传佛教的信徒心中,最神圣的精神皈依莫过于布达拉宫了。

布达拉宫屹立在西藏自治区首府拉萨市区西北的玛布日山(红山)上,海拔3700多米,主楼高117米,近40层楼高,是当今世界上海拔最高、规模最大的一座宫堡式建筑群。"布达拉"是梵语音译,又译为"普陀罗"或"普陀",原指观世音菩萨所居之岛,所以布达拉宫又俗称"第二普陀山"。公元 7 世纪,吐蕃王松赞干布与唐朝文成公主成婚,依山而建此宫,历史上布达拉宫曾两次损毁。现在的布达拉宫是 1645 年五世达赖喇嘛扩建的。1990 年 8 月中央财政拨款整修,并于 1994 年被列为世界文化遗产。

布达拉宫的主体分为白宫和红宫两部分。白宫处于基座部分,为生活起居之处;红宫居中,是各种宗教活动的核心地区,松赞干布像、文成公主像等均供奉在这里,历代达赖喇嘛灵塔、彩色壁画等宗教文物众多。整个建筑群占地 10 余万平方米,总占地面积 36 万多平方米,房屋数千,布局工整,体现了西藏建筑工匠高超的技艺。布达拉宫是从前西藏地方统治者政权的中心,如今已成为世界闻名的佛教圣地,每逢节日活动,宫内挤满信仰藏传佛教的各民族信徒。

布达拉宫

布达拉宫凭山而立,气势雄伟,数十里外就可遥见其巍峨雄姿。站在玛布日山下仰望布达拉宫,但见如玉群山为衬,白云蓝天为幕,仿佛天上宫阙惊艳人间。它是藏式宗教建筑的骄傲,也是青藏高原这片古朴纯净的大地的灵魂。

青藏高原是由于印度洋板块与欧亚板块相互碰撞而不断隆起的结果。这就是地理科学对青藏高原自然成因的诠释。但是这些科学研究远不能完成对青藏高原文化意义上的解读。走近它,走进它,那种无与匹及的心灵震撼力及心灵净化力,令无数人感动于上苍给予人类的巨大恩泽,它使人们更加深刻地领悟了崇高壮美、纯朴圣洁、苍茫宏阔、沧海桑田这些词汇在自然蕴化中显现出来的深邃意境。

龙腾黄河

黄河发源于青藏高原的巴颜喀拉山北麓的约古宗列盆地。干流长度5464 千米，仅次于长江，是中国第二大河。黄河依次流经青海、四川、甘肃、宁夏、内蒙古、陕西、山西、河南及山东等 9 个省份，成"几"字形，向东注入渤海，沿途汇集了 30 多条主要支流和无数溪流，流域面积达 75 万多平方千米。中游段流经广大的黄土高原地区，许多支流夹带大量泥沙汇入，使黄河成为世界上含沙量最多的河流，河水呈黄色，因而得名。

黄　河

按照流量大小、水文特征，黄河被划分为源流段、上游段、中游段和下游段 4 段。源流段开始于一片拥有无数小湖的沼泽，称为星宿海；自星宿海至青海省贵德市，长 1900 多千米。上游段自贵德至内蒙古自治区托克托县的河口镇，长 1500 多千米。中游段自河口镇至河南省孟津市，长

1100 多千米。下游段自孟津至山东省利津县注入渤海,长 870 多千米。

即使在中国地图上看黄河,也有着太多精彩的形态和引人遐思古今的地名。而如果有机会到实地去体味,那种感动将更加刻骨铭心。

黄河的孕育之地,当然是那片独一无二的高原。巴颜喀拉山晶莹的冰雪消融,汇入海拔 4800 多米的约古宗列,然后东流,注入一个盆地。由于地势平缓,河道突然变宽,河水四散而流,使这里变成湖泽广布、水草丰茂的一大片滩地,那就是星宿海了。滩中大湖小泉星罗棋布,滩旁高山遥峙相望。每当夕阳西下,泉水里反射出的阳光灿烂夺目,宛若夜晚天空闪烁的星星,这大概就是星宿海名称的来源。清朝杨应琚(jū)的《西宁府新志》有过这样的描述:"星宿海形如葫芦,腹东口西,东北汇水汪洋,西北乱泉星列,合为一体,状如石榴迸子。每月既望之夕,天开云净,月上东山,光浮水面,就岸观之,大海汪洋涌出一轮冰镜,亿万千百明泉掩映,又似大珠小珠落玉盘。少焉,风起波回,银丝散涣,炫目惊心,真塞外奇观也。"

九曲黄河第一湾

神奇的黄河,一出手就是这样不同凡响。出自星宿之海的黄河,在其东流而去的一路上,缔造了一连串如星闪耀的自然和文明奇迹。"九曲黄河第一湾"是黄河塑造的第一个自然奇观。黄河的源流段,海拔均在4000米之上,但其间落差较小,地势平坦开阔,所以常形成盘旋往回之态,"九曲十八弯"是这一带黄河的典型特点。当然,"九曲十八弯"是形容其多,而非确指,每曲每弯的地点也人言人殊。不过"九曲黄河第一湾"却是大家公认的,在四川省阿坝藏族羌族自治州若尔盖县唐克乡。黄河水从青海、甘肃流到这里,霍然转身折向西北,再流回甘肃、青海,绕了个180度的大弯,若尔盖唐克黄河草原正处在这个大弯的顶端上。在这里有一座藏族村寨和一座藏庙——索克藏寺。站在索克藏寺所在的山头,遥望黄河逶迤西来,与白河在此相携而去;沿途山脊鹰鹞盘旋,对岸牧场河曲马迎风长嘶;古寺白塔,帐顶炊烟;绿草如茵,旌旗如云;"黄河天上来,红日地中落","天似穹庐,笼盖四野"……一时间心神俱醉,浑然忘我。

而黄河最神奇的弯转,当然是从上游到中游的那段绝似"几"字上部的回荡,因为它围绕出了一片中国最典型的农牧业文化的沃土,也发轫了中国北方的农业文明和游牧文化。

一般认为,中国农业文化较发达地区是黄河中下游和长江中下游,但宁夏与内蒙古的河套平原及山陕之地自古就是水肥土美、物产极丰的农业发达地区。河套平原的开发一半是人工的成果,而另一半却归功于黄河的凌汛。由于黄河在流过兰州之后一路北上,奔泻千里,南北两地气温差异极大,每逢春秋河水封冻或融化之时,北部的冰面就会阻挡上游的水流或浮冰,造成上游水位上升,溢出河道,因此酿成水灾。但是从另一个角度看,每年定期的洪水泛滥向四周冲击扩散,在宁夏和内蒙古一带形成了一片水道交错、灌溉农业发达的平原,现在中国市场上的优质面粉,如"雪花牌"面粉就产于这一地区,而且以内蒙古地区所产为最优。因为这一地域自古富庶,常有民族间的劫掠战争发生,因此这一带的古代军事建筑遗址很多,像岳飞《满江红》中"驾长车,踏破贺兰山阙"提及的贺兰山;辛弃疾《永遇乐·京口北固亭怀古》中"元嘉草草,封狼居胥,赢得仓皇北顾"中提及的狼居胥山,都有战争的遗迹;当然最著名的还有起伏曲折、巍然雄立的长城等等。而在黄河最北部河段的两侧,游牧文化十分发达,"天苍苍,野茫茫,风吹草低见牛羊"所描述的敕勒川和著名的阴山,屏障内蒙古自治区首府呼和浩特市的大青山山麓,盛产鄂尔多斯细毛羊的鄂尔多斯高原,都是水肥草美的牧场。

在"几"字形围绕的中腹地带,是中华文明的发源地之一——陕西省。陕西地区的人类文明活动的历史可以追溯到110万年前,那时的蓝田人就生活在灞水附近。5000年前,黄帝部落与炎帝部落都曾在这一带活动。因为农业发达,物产丰富,陕西省一直处于古代中国的政治、经济和文化的核心位置,是我国历史上建都朝代最多和时间最长的省份。传说从公元前21世纪至公元前16世纪的夏朝时期,陕西就有褒国、扈国、骆国出现。公元前11世纪,周武王灭商,在陕西建都。此后,又有秦、西汉、东汉、西晋、前赵、前秦、后秦、西魏、北周、隋、唐、大夏等13个王朝先后在陕西建都,时间长达1100多年。此外,还有刘玄、赤眉、黄巢、李自成4次农民起义在此建立政权计11年。咸阳、西安、长安、汉中……一连串承载着厚重历史的城市;灞桥、骊山、渭水、潼关……一系列连接着丰富文化内涵的风物,陕西为中华民族创造了光辉的历史,留下了丰富的宝贵文物和各类文化遗址,仅全国重点文物保护单位就达137个之多,其中包括著名的秦始皇陵和兵马俑、西安古城墙、西安碑林、黄帝陵等。西安又是古丝绸之路的起点，从西汉时期开始就与南亚、西亚、欧洲进行政治、经济、文化交流……

黄河一曲，竟围出了一个华夏文明的摇篮。

陕西还是自然风物十分壮美的地区，险峰雄崎的华山，声势浩荡的壶口瀑布，岿然横亘的秦岭，令中外游客心神激荡，兴味无穷。而正是那座华山，阻挡着已经真正变黄的黄河最后一次大转折，向东而去，从此千里奔泻，纵横决荡，汪洋入海。

在古代中国，关于龙的图腾崇拜十分盛行。至今为止，在南起海南岛、北至漠河的广大中东部地区，到处都可以找到龙文化的遗迹。尤其是在曾经作为都城或王城的地方，龙文化尤其发达，比如象征皇权的九龙壁在中国就有4座：北京故宫紫禁城内的九龙壁、山西大同九龙壁、北京北海公园的九龙壁和江苏无锡的九龙壁。不仅外国人很难理解，就是今天的中国人也常疑惑：看上去鳞甲满身、张牙舞爪，外形冷酷怪诞的龙为什么会成为中国古人心中的神灵？

民俗学理论认为，图腾崇拜代表着人们对于图腾物体的敬畏，这个物体要么是强大而不可征服的，要么是有巨大生命力的，因为恐惧而产生了敬畏，才产生了图腾物。这种情况在世界各地的民俗中都是共同存在的。问题是中国人为什么选择了龙这种至今为止也没有确定对应物的图腾。

有人说龙的对应物应该是湾鳄，似乎有一定道理。这就与黄河中下游地区发生了关系。古代的黄河中下游地区并不像现在这样干旱寒冷，反而是湿热多雨，遍地沼泽，河流纵横，丛林密布。巨大而凶猛残暴的湾鳄就生活其中。湾鳄满身鳞甲，可以生裂虎豹，对人的威胁可想而知。而湾鳄自然是伴水而居的，古代著名的史书《左传》中就曾记载，有一年郑国洪水暴发,有两条龙在郑国都城门外相互斯斗;晋国遭受水灾之后,郊外也有龙出没的身影。左丘明是创作态度严肃的史学家,关于龙的记叙大体可以使人相信确实有一种类似龙的动物存在,那么湾鳄就是一个最好解释。而湾鳄每一出现都与水相伴,也正是龙后来从云而游、从水而居这一传说的原始依据——人们一直认为,龙就是水的统治者,而中原地区内黄河的特性,与这些龙的性情十分吻合。

黄河中上游穿越了广阔的黄土高原,河流也从最开始的清澈澄碧变得愈趋浑浊。从青海的日月山开始到河南境内为止的黄土高原,是世界上最大的沉积性高原,土层厚度大多在50~80米之间,最厚达到180米。虽然土质松散肥沃,但地表不易附着植被,每当雨水冲刷,就顺水而下。一旦水流进入开阔地带,流速变缓,大量的泥沙就会沉积下来,壅塞河道。黄河进入河南,出三门峡到孟津后进入平原地区,就遇到了类似问题:日夜不息、汩汩奔流的河水泥沙俱下,大量沉积,堵塞了河道,不断造成河堤决口。据史料记载,2000多年来,黄河下游溃堤达1500多次,较大规模的改道就有26次,水灾范围北至天津,南达江苏、安徽,广达25万平方千米,时而在山东北部入渤海湾,时而夺淮而泻,入东海而止。暴虐不安的黄河,正如一条凶猛的巨龙,在广阔的中原大地恣意奔腾,生杀予夺,横行无忌。

当然,黄河泛流也将大量肥沃的泥土带给了中原大地。黄河中下游平原是中国北方农业最发达的冲积性平原。每当秋收夏熟,粮麦遍野,积粟成山,所以河南、河北、皖北、苏北、山东一带自古富庶,也是兵家必争之地。洛阳、郑州、开封都曾是闻名中外的古都,齐鲁之地更是文化最发达的地区,教化中华千年不衰的儒家学说的创始人孔子与孟子,均生于山东——一个在曲阜,一个在邹城。

浩荡黄河,如龙腾越,给中华文化留下了一系列辉煌的传奇,也留下了深重的灾难,塑造了中华民族厚重深沉、宽广博大的胸襟和性格。1949年中华人民共和国成立以后,对黄河的治理力度越来越大,大规模的决堤再也没有发生过。现在,从河南开始,因为每年不停加固,河堤不停增高,黄河已变成了一条壮观的地上河。汹涌的河水终于服从了人的意志,成为养育中原大地的慈爱的母亲。

"黄河之水天上来,奔流到海不复回","黄河远上白云间,一片孤城万仞山","九曲黄河万里沙,浪淘风簸自天涯","黄河落天走东海,万里写入胸怀间"……

不朽的黄河,让无数人心牵梦回,情动不已。

凤舞长江

"**滚**滚长江东逝水,浪花淘尽英雄。是非成败转头空。青山依旧在,几度夕阳红。

白发渔樵江渚上,惯看秋月春风。一壶浊酒喜相逢。古今多少事,都付笑谈中。"

这是明朝杨慎的《临江仙·二十一史弹词》。中国四大古典名著之一《三国演义》就以此为开篇词,从文学角度反映了中国人对历史文化的思考。

长 江

长江流域是中国人类居住时间最长的地区之一。虽然中国政治史多以华北和黄河流域为中心,长江地区却以其农业潜力而对历代王朝都具有极其重大的经济意义,尤其是宋朝以后,长江中下游地区的粮食产量几乎占全国的50%,水稻产量更是占到70%,大运河的开凿为了从长江流域将粮食运往北方的大都市提供了极大的便利。在经济发展中,长江流域一直占有重要的地位。

长江流域还是世界上自然地理文化最发达的地区之一。河道绵长,支流众多,流域宽广,落差巨大;流域内地形地貌多样,地质成因复杂,使得长江流域无论是在生物多样性方面,还是在地理地貌方面都拥有丰富的资源,这也给长江流域的经济发展和文化建设带来了巨大潜力。

长江流域位于北纬 $24°30'\sim35°45'$、东经 $90°33'\sim112°25'$之间,东西长约 3219 千米,南北宽约 966 千米,总面积 180 多万平方千米(不包括淮河流域),约占全国土地总面积的 20%。干流长度约 6300 千米,年入海水量约 9600 多亿立方米,无论是长度和流量均居世界第三位。长江干流所经省级行政区总共有 11 个,从西至东依次为青海省、四川省、西藏自治区、云南省、重庆市、湖北省、湖南省、江西省、安徽省、江苏省和上海市;有雅砻江、岷江、嘉陵江、沱江、乌江、湘江、汉江、赣江、青弋江、黄浦江等重要支流,其支流流域还包括甘肃、贵州、陕西、广西、河南、浙江等省的部分地区。

在中华民族悠久的文明史中,黄河文化以龙图腾为轴心,而长江文化则以凤图腾为轴心,传说中与黄炎二帝作战的蚩尤就是长江中下游鸟族(即凤族)的领袖。在今天的地图上,人们可以清晰地观察到黄河如龙一样盘旋腾挪的雄姿,看到长江如凤一般羽翼飘飞翱翔九天的风雅,可是在没有现代测绘工具的远古,在人终其一生也不可能穷尽江河的交通状态下,人们是如何通过简单的定位技术进行测量计算,居然准确地描绘了黄河、长江的形态,并且把它们演变成了龙与凤的文化?湮没于旷远年代中的人类活动,并没有因为文字发明前的绝续而疏漏这一成果,它们居然以图腾的方式遗传到今天,甚至融入到了民族生活的血液之中,这使人更加深刻地感受到了中华文明的精深与神奇。

如凤一般羽化中华文明的长江,发源于青海省西南边界的唐古拉山脉格拉丹东雪山的西南侧,海拔6542米的姜根迪如雪山的冰川积雪融水就是长江的正源沱沱河的水源。从源头开始到湖北宜昌南津关为上游,长4500多千米;从南津关到江西湖口为中游,长927千米;从湖口到入海口为下游,长844千米。

沱沱河

　　长江流域的上游地区主要由金沙江流域、雅砻江流域、大渡河和岷江流域、嘉陵江流域构成,其中金沙江是干流,至四川宜宾与岷江汇合后称为长江。这里是中国自然景色最为雄浑壮阔的地区之一,虽然东西跨度仅1800千米,却跨越了中国地势中的三个阶梯,河流落差近6500米,整体落差大;河流下切强烈,水面与两侧高山局部高差最高达到3000米以上,局部高差惊人。巨大的高差形成了宏阔瑰伟的自然景象和多样的气候类型,孕育了丰富的生物物种,成为中国自然资源最丰富的地区之一。金沙江、雅砻江、大渡河、岷江、嘉陵江周边雪山林立,涧深水急,危崖夹峙,名胜山水令人叹为观止。位于云南省丽江纳西族自治县虎跳镇的虎跳峡长16千米,最窄处仅30米,猛虎似可一跃而过,两岸高山与江面高差达3000米,是世界上最深的峡谷之一;雅砻江流域森林广被,植物种类众多,是中国著名的林业发达地区,流域中的西昌古城号称"太阳城"、"月亮城"、"航天城"、"小春城",泸山邛海,古柏红墙,螺髻山雪,松风水月,美不胜收。大渡河与岷江流域中,群峰巍峨,林木葱茏,风光如诗如画;嘉陵江上游的九寨沟丽水秀木的原始古朴更是冠绝天下。而作为长江上游地区自然景观的代表,长江三峡无疑是各种景观要素的集大成者。

长江三峡位于重庆奉节白帝城与湖北宜昌之间,全长204千米,自夔门至南津关两个天然门户间,分布着瞿塘峡、巫峡和西陵峡三段峡谷。这里是中国地势第二阶梯与第三阶梯的过渡地带,山高谷深,水流湍急,且随山势屈曲盘环,重岩叠嶂,壁立千尺,悬流飞瀑,林木萧森,自然风光雄奇秀逸。峡区内自然景观与人文景观珠联璧合,相得益彰,神奇的传说,名人的诗作,著名的题刻,与如画山水融为一体,令人在惊涛拍岸声中,氤氲于大自然的鬼斧神工和贯通古今的文墨书香里,心神俱醉,浑然忘我。长江三峡因此成为中国10大风景名胜之一,名动中外。

长江三峡

长江上游地区，尤其是四川盆地范围内，还是人类文明活动最密集的地区之一。四川广汉南兴镇的三星堆至少在商代早期就已存在，其中巨大的青铜雕像是青铜文明的重要标志；四川珙县僰人悬棺的丧葬文化从周朝就有记载，一直持续到明朝；公元前400年由蜀郡太守李冰建造的都江堰代表着古代治水的最高成就，至今仍指导着人们如何修建水利工程；散布于四川和重庆山水之间的众多古镇建筑精美考究，布局随山就水，天人合一而又功能齐备，述说着中国古民居建筑的辉煌。美丽的成都平原，更是农业文明发达之地，雄厚的物质基础也涵养了丰富的文化活动，号称"天府之国"。走进美丽的天府之国，就走进了悠悠历史岁月与现代文明交融的时空里，走进了如画江山与浓郁人文融汇的天地间。四姑娘山坚贞傲立，龙泉山逶迤盘旋；青城山仙风道骨，峨眉山佛香四溢；武侯祠中诸葛凝神，杜甫草堂内布衣忧国；浣花溪旁文君卖酒，三江合处大佛镇关。岷江汹涌，一条长堰息波涛；稻菽纷披，半壁山河秀今古。在成都平原，一山一水都可能承载着上下千年的兴衰故事，一草一木也经常牵缠着惊天泣地的悲欢离合。"九天开出一成都，千门万户入画图"，诗仙李白遍访神州，曾谓"蜀道之难难于上青天"，依然跋山涉水而来，行吟于锦江春色里；司马相如、王褒、扬雄、陈子昂、元稹、岑参、黄庭坚、陆游、苏氏三父子，这些名动中华的大诗人、大文豪都曾在此寓居。在这里，苏东坡曾酒酣唱赋；在这里，张大千曾漫笔抒怀……

长江上游地区最突出的自然资源是矿产资源、森林资源和水资源。在四川盆地西部，是印度洋板块向欧亚板块挤压作用力强烈的地区，地质活动频繁，金属成矿量大质高，钢城攀枝花由此成为中国西部的钢铁中心；山体庞大，高差明显，林木种类丰富，有很多孑遗物种生存其间，也孕育了种类繁多的动物；丰盛的水源，突出的落差，蕴藏着巨大水能，仅金沙江流域的水能就占长江总水能的40%，而三峡工程的发电能力几乎可以供给半个中国,其提升的水运能力更是惊人。这些自然资源优势造就了辉煌灿烂的古代文明,在现代化的今天更给长江上游地区的发展提供了系统的基础支持。

浩浩大江滔滔流逝,从古至今养育着中华文明。

长江出湖北宜昌的南津关,江面海拔下降到50米以下,进入到长江中下游平原地区。

长江中游流域主要由洞庭湖流域、鄱阳湖流域和汉水流域构成。洞庭湖流域主要分布在湖南省境内,由湘江、资水、沅江、澧水等河流汇集而成的洞庭湖现2820平方千米,是中国的第二大淡水湖;鄱阳湖流域主要分布在江西省境内,由赣江、修水、鄱江、信江、抚江等河水汇集而成,湖区总面积3050平方千米,是中国的第一大淡水湖;汉水又称汉江,发源于陕西省西部宁强县北的米仓山,长1532千米,流经陕西、四川、河南、湖北等省份,于湖北武汉注入长江。

长江中游地区自古是中国物产最丰盛的地区之一。洞庭湖到20世纪初期面积还在5400平方千米以上,号称"八百里洞庭",是当时中国最大的淡水湖,湖中鱼类丰富,产量巨大,湖周边的洞庭湖平原稻谷遍野,每年两季收获,因此洞庭湖区域自古号称"鱼米之乡"。鄱阳湖与洞庭湖一样,鱼米丰足,富甲一方;而与洞庭湖不同的是,鄱阳湖处于中国候鸟迁徙越冬的东部线路上,由于湿地面积广大,成为世界上面积最大的鸟类越冬栖息地,如今已建成自然保护区,区内鸟类达300多种,近百万只,其中珍禽50多种,尤以白鹤最为出名。在鄱阳湖发现了当今世界上最大的白鹤群,2002年越冬种群总数达4000只以上,占全世界总数的95%以上,因此,鄱阳湖如今又被称为"白鹤世界""珍禽王国"。位于湖南、湖北两省之间的江汉平原、长江沿岸平原和洞庭湖平原粮食产量之大,自古有"苏湖熟,天下足"之誉,农耕文明发达。此外,长江中游流域西起云贵高原和四川盆地东缘山脉,北抵秦岭,南迄南岭,山地和丘陵的比重大,海拔不高,加之大部分处于北纬 30°附近,属于亚热带季风气候,雨热同季,年降雨量在 1000 毫米以上,植被生长茂盛,种类繁多,森林物产极丰,著名的神农架自然保护区就分布在湖北与重庆的交界处。长江中游地区孕育着裸子植物 4000 多种;蕨类植物 500 余种;苔藓类植物超过 100 种;低等植物如大型菌类超过 500 种,其中可食用的就有 100 多种;有各种动物 1100 多种,所以长江中游地区还是野生物产的天堂。

长江中游地区的自然风物也极具特色。西、北、南三面群山巍峨连绵,起伏跌宕;长江沿岸湖泽星罗棋布,烟波浩渺。湘西的张家界石峰林立而常伴苍松翠柏,危崖绝壑间丽水湍流,令人俯仰之间惊心动魄,午夜梦回时兴味无穷;南岳衡山松竹如墨,云雾如涌,令古今文人吟赏有加;湖北武当山清幽恬淡,俊雅超拔,悬阁宏宇,曲径勾回,晨钟暮鼓里似藏天地玄机;江西庐山独立彭蠡之滨,飞瀑流云,松竹掩映,察九天风雨于手掌翻覆之间,看大地苍茫于万里云烟之外,有笑傲红尘的出世之飘逸。洞庭湖满盛潇湘月影风帆,霪雨霏霏之时日星隐耀,山岳潜形,春和景明之际沙鸥翔集,锦鳞游泳;鄱阳湖哺育百万珍禽,川泽蜿蜒,舸舰迷津,"落霞与孤鹜齐飞,秋水共长天一色";长江蜿蜒东流看尽时光渐逝,汉水清雅如诗淡漠喧嚣红尘……灵山秀水,尽显造化神工。

物阜民丰,山灵水秀,造就了丰厚的文化底蕴。长江中游地区是中国文化名人辈出的地区,陶渊明、王安石、欧阳修、朱熹、文天祥、詹天佑……这一连串声名显赫、纵贯中国文明史与文化史的人物,都出生于江西这片人杰地灵的土地,曾国藩、左宗棠、毛泽东……这些与中国近现代史息息相关的政治家、军事家,都生长在湖南山清水秀的山野。江西景德镇的瓷器享誉世界,湖北人李时珍的《本草纲目》惠及中华。中国古代的四大书院,这里就独占其三:湖南的岳麓书院、石鼓书院和江西庐山的白鹿洞书院;而那条宁静流淌的汉水,就是汉文化和楚文化的发祥和融汇之地——公元前204年,汉中王刘邦明修栈道,暗度陈仓,与西楚霸王项羽逐鹿天下,围项羽于垓下,项羽兵败自杀,刘邦登基为帝。为纪念他的龙兴之地,命名朝代为"汉"。"汉人""汉族"及此后代表中原文化的"汉文化"自此泱泱潺潺,汇流成世界上最壮丽恢弘的文化族群。

长江中游地区处于中国地理的腹地,北望中原,南控岭南,西扼巴蜀,东引吴越,是中国的交通要冲,无论从经济意义上还是从战争角度,自古都是兵家必争之地。从古至今发生的统一战争中最后扼守的屏障大多是长江:东汉末三国归晋最后统一的是东吴,元灭南宋是渡过长江把年仅9岁的小皇帝赵昺逼得跳海才使宋终于停止反抗,明末朱元璋与陈友谅争夺政权的决定性战役是鄱阳湖水战,清朝打下杭州才算征服了汉人,就连1949年解放军与国民党军队具有决定意义的最后一战也是渡江战役。所以以长江及其周边地区为战场的战役几乎都是规模宏大、战况惨烈的。也许正是这种特殊的地理形势和历史沿承,长江中游地区成为政治家军事家辈出的地方。

长江中游地区名胜古迹众多,如中国的四大名楼中,除大观楼在云南昆明外,洞庭湖边的岳阳楼、武汉长江边的黄鹤楼、南昌赣江边的滕王阁都在这一地区,众多的支流和湖沼边更是胜迹如云。如果按图索骥,点数纷至沓来的支流和那些如珠似玉镶嵌在水边的名城古镇,抚摸两岸对出的青山上时间刻写的历史,倾听沙渚石矶、港叉湖湾、丛林苇荡中回响的忧思和激昂,寻觅烟柳画桥旁、朱帘翠幕下王孙显贵与布衣浪子们印下的生命痕迹,长江就突然变得空漾起来,仿佛穿越时空的一首名曲,比《高山流水》还高雅,比《阳关三叠》还灵幻,比《渔樵问答》更清幽,比《广陵散》更慷慨铿锵。

岳阳楼

　　流过江西湖口，满载云梦之水，秉受楚汉之魂，吸纳彭蠡之泽，长江已如一片汪洋，两岸之间宽处可达十多千米，隔江相望，水天一色，对面青山如海市蜃楼，空中白云似江上船帆。长江进入到下游地区，江面海拔已不足 10 米，流速缓慢，所以泥沙沉积下来，形成大大小小的沙洲，将长江分成宽窄不一的水道。两岸平原比江面海拔稍高，但河流湖泊与长江基本持平，所以各湖各水之间水道纵横交错，形成密集的水网。处于水网内的民居如同漂浮在水上的小舟，隐现于朦胧水汽中。水边湖畔及民居周围，常植桑柳，碧砖青瓦，丽日蓝天，绿柳轻拂，桨橹咿呀，水乡景色幽娴优雅。一声招呼，是渔家打鱼归来通知家人搬运收获；一片喧哗，是酒馆开门村人相聚闲话家常。

　　长江下游地区南迄浙闽丘陵，西抵江南丘陵东缘，北接淮河流域，东濒东海，包括浙江、安徽、江苏的大部分地区和上海全部。

　　长江下游地区的南部和西部是优美壮丽的自然景观分布十分集中的地区。浙江南部的雁荡山之上的湖中芦苇丛生，结草为荡，秋雁南飞时常栖于此,景色奇丽,被誉为"东南第一山"、"寰中绝胜";西部的千岛湖有大小岛屿 1078 个,岛屿的地质构造不一,地貌各异,排布疏密相间,形成各种风格的景观区和景观带,水质清澈,能见度在 10 米之下,岛区物产丰富,尤以有机鱼、茶叶、蚕茧为著,是度假休闲的胜地。安徽南部的黄山"集泰山之雄伟,华山之险峻,衡山之烟云,庐山之瀑布,雁荡之巧石,峨眉山之清凉",以奇松、怪石、云海、温泉、冬雪五绝名动世界,有"五岳归来不看山,黄山归来不看岳"一说,风物之美冠绝天下,名震古今。其他如天目山、天台山、普陀山、烂柯山、天柱山等,也都各自以其自然风光或文化蕴涵引人入胜。

奇山秀水之外的长江三角洲地区自古是中国最富庶和文化最昌盛的区域,除上海是新兴城市外,大部分地区的文明史都可以追溯到数千年前。据考古发现,8000 年前杭州一带已经饮用茶叶,7000 年前浙江余姚河姆渡人已开始种植水稻,在良渚文化遗址中发现至少 4700 年前杭州一带就已生产丝绸。茶叶、丝绸作为中国古代最重要的商品曾经传播到世界的各个角落,而水稻作为最重要的农产品,对中华民族的生息发展具有极其重大的意义。

长江下游地区处于长江流域的门户地带。随着人类社会的发展进步,文化的交流和物质的交换日趋频繁,长江这条黄金水道的作用越来越明显。在隋朝开凿大运河以后,长江流域与中原地区的交流交往全面展开,整个长江流域丰饶的物产通过运河运抵中国北方地区,然后通过陆路向周边扩散,最远通过丝绸之路运抵亚洲西部和非洲、欧洲;国外的、国内各区域的物产也沿运河回溯到长江流域。随着商品物资流通而来的,还有文化的交流与融合。作为规模日趋庞大的商品贸易和文化交流的枢纽,长江下游地区在古代就已拥有了高度发达的物质文明,同时也孕育了高度发达的文化。沿运河两岸,更兴起了多个繁华美丽的城市。"上有天堂，下有苏杭"，苏州和杭州自古就被公认为"世界上最美的城市"；秦淮河畔的南京是六朝古都；无锡、常州、镇江、南通、扬州、泰州、宁波、嘉兴、湖州、绍兴、台州等城市也各具风情。

长江下游地区古代的繁华集中表现在园林建筑和民居建筑上。其中苏州古城是中国古园林艺术的代表，而散布于水村山郭之间的古镇古朴典雅的风韵更是弥漫着古人生存的大智慧。

苏州是长江三角洲河网的中心，是水道最密集的地区。宽窄不同、深浅不一、曲直变幻的河道与长江相通，与太湖相连，与大运河同体，而且互相之间也是交错往来。乡村和城镇当然只能建在水的两岸，于是"小桥流水人家"的钟灵毓秀铺展在苏州广阔的版图上，苏州古城区则成为集大成者。

苏州古城号称"东方威尼斯"，"三纵三横一环"的河道水系将其分为多个看似独立但由桥梁连接的生活空间。在以桥相连的河道两岸的门廊院墙和如茵桑柳后面，就是令世人叹为观止的苏州园林和民居。

苏州古代园林本身就是民居。它们的最大特点是清雅隽永，如"无声的诗，立体的画"。曾为春秋之吴、三国之孙吴、元末之张吴等多个政权的首都或陪都，丰饶的物产，富足的生活，门前舒缓流淌的河水和微风细柳岸边悠然的岁月，使苏州人平添了一种宁静和雍容，更亲近文化。苏州人的不争与自足令人心折，于是他们有心境去在一片水域和一块净土上如诗一般去构思园林，如画一般去构筑山水。而深厚的文化底蕴使这些园林山水比绝诗妙画更加生动立体。苏州古园林大多都如诗画一样有自己的主题，表达着园主的情趣、理想、追求，并在园林建筑与景观中以匾额、楹联之类的诗文题刻表现出来。比如以清幽的荷香自喻人品的"远香堂"，以清雅的香草自喻性情高洁的拙政园的"香洲"，有追慕古人似小船自由漂荡怡然自得的"画舫斋"，还有表现园主企慕恬淡的田园生活的"真意"、"小桃源"等等,不一而足。这些充满着书卷气的诗文题刻与园内的建筑、山水、花木自然和谐地融汇在一起,使园林的一山一水、一草一木均能产生出深远的意境,徜徉其中,但觉文香馨然与群芳争奇,情思飘然逐曲径通幽,令人沉醉其中,忘却时光流逝。在苏州现存的60多处园林中,沧浪亭、狮子林、拙政园和留园分别代表着宋、元、明、清四个朝代的艺术风格,被称为"苏州四大名园",拙政园和留园更跻身"中国四大名园",俏立于姑苏城外青碧群山的怀抱之中,聆听着寒山寺钟声千年不绝的回响。

苏州留园

　　苏州位于长江三角洲的中心地带、京杭大运河的枢纽位置,所以成为一座大城。而在长江下游地区,更多的园林式民居建在宁静美丽的山野水乡之间,于恬淡自适中散发出一种文化底蕴。安徽黟县的西递位于黄山南麓,是徽商功成名就后退隐田园的杰作。西递距黄山景区仅40千米,素有"桃花源里人家"之誉。村中至今尚保存完好明清民居近200幢,以木结构为主,砖墙维护,木雕、石雕、砖雕丰富多彩,宅院精美,花园秀丽,屋宇堂皇,堪为徽派古民居建筑艺术之典范。与其他独自建立深宅大院的民居不同之处在于,黟县徽商多为儒商,最初经营的商品除山野特产和手工艺品外,主要商品为文房四宝——笔墨纸砚,湖笔、徽墨、宣纸、歙砚对中国文化艺术传播的作用不言而喻,徽商也因此获利,他们在功成返乡之后十分重视文化教育和其他公益事业,建房、修祠、铺路、架桥,把整个故里作为一个整体来设计,注重与周边环境的协调及村落的整体布局,所以西递的巷道、溪流、建筑布局相宜,村落空间变化错落有致,建筑色调朴素淡雅,体现了古时皖南人民在村落人居环境营造方面的杰出才能和成就,具有很高的历史、艺术、科学价值。

与西递相比,浙江的乌镇,江苏的木渎、同里、周庄则是建于江南水乡中的美丽古镇,与水的和谐共生创造了另一种建筑经典,在尚未进行旅游开发之前,美丽安详地伫望于偏远宁静的湖泊水网中,不染一丝风尘。水乡中的古镇最大特点是水和桥,"小桥流水人家"的景色幽雅朦胧。民居依水,河就是街道。河面大多狭窄绵长,仅容两只轻舟并行。为通舟楫,过河小桥弓洞如月,娇巧迷人。乌镇、木渎、同里为大镇,自古就有发达的工商业;而周庄最为小巧,基本为隐居文人和富商所建,明朝江南首富沈万山的"沈园"就建于此,淳朴典雅的民居,精致工巧的双桥,依水而建的埠头边悠然停泊的小舟,时间仿佛停止了流逝,周庄由此被誉为"江南第一水乡"。

江南水乡是文人辈出之地。浙江在中国文学史上知名的文人逾千。江苏省仅苏州一地在从隋朝开始的科举历史上就曾出过50名状元,1500多名进士,在当代中国的两院院士中,苏州籍院士有近百位。文化兴盛的基础是经济,而文化发展反过来又促进了经济的繁荣,并缔造着人类生活精神层面上永恒的幸福。杭州西湖、苏州园林等人文景观之美自不必言,而其中蕴涵的深邃的文化意境使这两座城市成为中国市民幸福感最强的城市,经济发展近年来突飞猛进,潜力厚重,彰显出了文化反哺的巨大作用。

　　长江三角洲地区经济和文化最发达的城市是上海。这座守望着长江入海门户的大城,历史却很短。上海的大部分地区是由长江泥沙沉积而成,在唐初才形成渔村的规模,那时的崇明岛还只是两个小沙洲。上海成为一个行政市镇是在南宋咸淳三年(1267年),名为上海镇。元朝至元二十九年(1292年),元朝中央政府把上海镇从当时的华亭县划出,批准设立上海县,标志着上海建城之始。到16世纪(明代中叶),上海才成为全国棉纺织手工业中心。上海东部的海拔在4～5米之间,陆生生物资源并不丰富,海上渔业资源是其最大自然优势,所以充其量只能供养它成为一个有名的渔港,但重要的经济地理位置,却使它成了一座世界级的大城市,这与长江的缔造是息息相关的。在国际间的贸易还不发达的古代,上海一直默默无闻,而当海上贸易逐渐兴盛以后,上海作为中国核心港口城市的优势就凸显出来。

上　海

上海处于中国南北海岸线的中点,长江和钱塘江入海的汇合处,是外埠船只进入长江流域的门户,也是长江流域走向大海的中转地。地域广阔、物产繁盛、人口众多的长江流域几乎早就为上海奠定了必然繁荣的物质基础。1685年清政府在上海设立海关,标志着从那时起海上贸易已初具规模,从此上海就逐渐进入了飞速发展的阶段。到19世纪中叶,上海已成为商贾云集的繁华港口。

　　1840年,改变中国5000年文明史进程的鸦片战争爆发,最终以清政府的妥协而结束。战争的结果是广州、厦门、福州、宁波、上海5个城市成为第一批对外通商口岸,而随着西方国家对中国北方的侵略,天津等沿海港口又成为第二批对外通商口岸。从此,外国的商品和中国的原料沿着中国的各条大江大河入入出出,逐步击垮了中国沿海地区的自然经济结构,并迅猛地冲击着中国的手工业发展,而港口城市则相对发展起来。在第二次鸦片战争(1856年)之前,北方还没有通商口岸,上海不仅是长江流域的门户,还由京杭大运河沟通北京及中原腹地,地位尤为重要,成为西方国家争夺的焦点,美、英、法三国趁机在此设立租界。到1900年,上海的美英租界面积已超过22平方千米,而到1915年,上海的租界地总面积达到40平方千米之多,成为一座典型的殖民地城市。

　　当然,仅从上海一地的经济发展来看,西方列强的经济侵略也给上海建立了一定的工业基础,并且建立了以上海为中心的长江流域物资交流的体系。1949年中华人民共和国成立以后,上海也因此迅速成为中国的工业中心和经济中心。在近60年中国的经济舞台上,上海一直发挥着领军作用,积累了雄厚的经济实力,是中国最大的工商业城市,闻名世界的贸易港口城市。

　　在上海,高楼大厦鳞次栉比,立交桥、双层路如网交织,园林美化随街布设,白天花红柳绿,夜里霓虹漫天。金茂大厦冲霄而起,黄浦外滩金碧蜿蜒；中外游人摩肩接踵，大小商铺琳琅满目，一派现代化大都市的繁华景象，是中国乃至世界旅游人气最旺的目的地之一。

长江流域的大部分地区处于北纬30°左右。美国一位作家曾写了一本书，就叫《北纬30°》，书中列举了从古至今围绕这一纬度发生的众多自然奇事和文化奇迹。沿地球北纬30°线周边，既有许多奇妙的自然景观，又存在着许多令人难解的神秘、怪异现象。从地理布局大致看来，这里既是地球山脉的最高峰——珠穆朗玛峰的所在地，同时又是海底最深处——西太平洋的马里亚纳海沟的藏身之所。世界几大河流，比如埃及的尼罗河、伊拉克的幼发拉底河、中国的长江、美国的密西西比河，均是在这一纬度线入海。更加令人神秘难测的是，这条纬线又是世界上许多令人难解的著名的自然及文明之谜的所在地。比如，恰好建在地球大陆重力中心的古埃及金字塔群，以及令人难解的狮身人面像之谜，神秘的北非撒哈拉沙漠，达西里的"火神火种"壁画，传说中的大西洲沉没处，以及令人惊恐万状的"百慕大三角区"，让无数个世纪的人类叹为观止的远古玛雅文明遗址……这些令人惊讶不已的古建筑和令人费解的神秘之地均会聚于此，不能不叫人感到异常的蹊跷和惊奇。地球北纬30°线还常常是飞机、轮船失事的地方，人们习惯上把这个区域叫做"死亡旋涡区"。除了令人惊恐的百慕大，还有日本本州西部、夏威夷到美国大陆之间的海域、地中海及葡萄牙海岸、阿富汗这5个异常区。在中国的这一区域，除了珠穆朗玛峰，还分布着长江三峡、钱塘江大潮、黄山、庐山、峨眉山等自然奇观，代表青铜文化最高成就的三星堆、有野人出没传说的神农架、小三峡的悬棺，以及2008年发生的汶川地震，都与这一条纬度线有明显的关联痕迹。

中国的长江流域是中华灿烂文化的主要创生地。成都、重庆、长沙、武汉、南昌、合肥、南京以及长江下游地区的扬州、镇江、无锡、苏州、南通和长江三角洲附近的宁波、绍兴、杭州、湖州、嘉兴,自古皆是繁盛之处,近年来的发展更是有目共睹。是这条纬度线造就了长江流域的文明,还是密集的文明活动成就了这条纬度线,这本身就是一个令人着迷的话题。国家自然科学基金委员会研究员宋长青认为,从自然条件看,北纬30°这条纬度线处于亚热带和温带的过渡地带,应该说是最适于人生存的地带,它的降水相对比较丰沛,植物相对比较茂盛,温度也比较适合人类生存,尤其是在生产力水平比较低的情况下,人类可以靠自然的供给,就获得一个比较良好的发展,所以在这里早期人类可以比较容易生存下去,在这种情况下,早期文明和社会就容易在这个地带发展起来。从中国的历史来看,这一解说显然是十分合理的。

站在"东海瀛洲"崇明岛的瀛洲公园西望长江,但见一片丽水与重重叠叠的琼楼玉宇远到天边,长江只剩下最平缓开阔的一部分。旭日东升的时候,那些色彩斑斓、高低起伏的建筑漫射了阳光,使人看不到长江西来的波光粼粼;夕阳西下的时刻,高大建筑黑黢黢的背影让人联想到一张城市的印象剪纸,从而忽略了长江发源的茫茫山野。万里之外的雪峰,千里之外的波折,如凤翎张翔的众多河流,比凤翎更炫目的街市,因为距离的遥远而被遮蔽,因为眼前的平缓而被搁置。但苍茫的流水不会忘记冰雪融化时淙淙小溪的呢喃,不会忘记高山急峡穿行时的粗犷,不会忘记浩渺的湖泊中相依相偎的温柔,不会忘记千百万年来那山野乡间和两岸街市中人们世代生息的悲欢离合、喜怒哀乐。浣衣少女那美丽的身姿从远古飘动到今天依然落雁沉鱼,浴血将士那悲壮的呐喊从高亢到低沉融入江中,至今仍旧浪涌波翻。长江流日夜,光芒烁古今。这片浩荡之水,这片生命之渊,这片贯通时空的血脉,流淌成母亲怀抱的形状,养育着中华民族生生不息,创造着一个又一个文化与文明的辉煌。

七彩云南

在中国,如果要问哪里最美丽,恐怕一百个人要有一千种回答。美丽的内涵不同,每个人的审美观点不同,而且个人的生活经历也不一样,选十个八个美丽的地方去品味,说出来都有些道理。但是如果要问你认为哪里是最纯净、最壮美、最神奇、最富于诗意,而且是最适合人类居住的地方,恐怕大多数人都会选择云南。

云南的美丽,美在山川的壮阔多姿,美在山水的瑰丽多彩,美在人与自然的和谐相融,美得有诗一样的激情荡漾,甚至美得有深邃的神秘感。

云南省位于青藏高原的东南部,云贵高原的西部,纬度在北纬 21°8′32″~29°15′8″ 之间,北回归线横贯南部。全省东西宽 864.9 千米,南北长 900 千米,总面积 39.4 万平方千米。按地理纬度位置,全境处于典型的热带和亚热带地区。但众多高大的山脉,多变的地形,使云南省拥有了从热带到寒温带、从热带干谷到高原寒漠的多种气候类型,因此也拥有了适合各种气候和自然条件的生物物种。

云南省是中国山地最多的省份。全省山地面积占总面积的 84%,高原、丘陵约占 10%,坝子(盆地、河谷等地势平坦的农耕区称为坝子)仅占 6%。全省 127 个县(市、区)及东川市共 128 个行政单位中,除昆明市的五华、盘龙两个城区外,山区比重都在 70% 以上,没有一个纯坝区县。其中山区面积占全县总面积 70%~95% 的有 26 个县(市),其余的近 100 个县(市)均在 95% 以上,有 18 个县 99% 以上的土地全是山地。全省的地势从西北向东南倾斜,最高点是怒山山脉梅里雪山的主峰卡瓦格博峰,海拔为 6740 米,最低处位于东南部与越南交界的南溪河与元江交汇处,海拔仅 76.4 米,两地直线距离 900 千米,海拔高差达 6600 多米。

按地形分布特点,云南省的地理区域可以分为三个部分:西北部的横断山系地区、东部的云贵高原地区和南部的以西双版纳为代表的热带雨林地区。云南省丰富独特的生物资源、自然文化资源及人类文明文化活动与这三个地区相契相合,各领风骚。

云南省西北部是波澜壮阔的横断山系。横断山系是中国乃至世界的地理奇迹,是印度洋板块与欧亚板块碰撞等地质运动、气候影响及生物活动的共同结果。

横断山系在远古时本为东西走向,在板块撞击力的巨大作用下,这些山体逐步迁移,成为南北走向或西北——东南走向的几乎并列平行的山脉,从青藏高原流下的众多水流由于落差大而产生强烈下切,使这一纵向山系间山高谷深,隔断了东西向的交通、交流,因此被称为横断山。全部山系海拔之高,与深谷相对高差之大,一山之内气候及自然景色变幻之繁复,生物带的立体分布,相对隔绝造成的原始古朴,使这一地区有一种幽邃神秘的壮观和美丽。被列为世界自然遗产的"三江并流"地区就分布在这里。

"三江并流"的"三江"指的是怒江、澜沧江和长江上游的金沙江。这三条江在北纬 $25°30'\sim29°$ 的纬度内并列向南奔流 170 千米,东西最小间距仅为 66.3 千米,其中怒江与澜沧江最近处仅有 18.6 千米,由四组山脉分隔开来。由西至东,最西部是高黎贡山,怒江;然后是碧罗雪山、老窝山、云岭支脉(由北至南,下同),澜沧江;梅里雪山、白茫雪山、云岭、老君山,金沙江;最东是红山、哈巴雪山、千湖山。

"三江并流"自然景观整个区域面积约 4.1 万平方千米,它包括位于云南省丽江市、迪庆藏族自治州、怒江傈僳族自治州的 9 个自然保护区和 10 个风景名胜区,是世界上罕见的高山地貌及其演化的代表地区,也是世界上生物物种最丰富的地区之一。

三江并流

　　"三江并流"景区内高山雪峰横亘,气候及生物带呈垂直分布,从760米的怒江干热河谷到6740米的卡瓦格博峰,汇集了高山峡谷、雪峰冰川、高原湿地、森林草甸、淡水湖泊、稀有动物、珍贵植物等奇观异景。景区有118座海拔5000米以上、形态迥异的雪山。与雪山相伴的是静立的原始森林和星罗棋布的冰蚀湖泊。巍然耸立的卡瓦格博峰上覆盖着万年冰川,晶莹剔透的冰川从峰顶一直延伸至海拔2700米的明永村森林地带,这是目前世界上最为壮观且稀有的低纬度低海拔季风海洋性现代冰川。

　　"三江并流"地区被誉为"世界生物基因库"。由于"三江并流"地区未受第四纪冰川期大陆冰川的覆盖,加之区域内山脉为南北走向,且人迹罕至,因此这里成为欧亚大陆生物物种南来北往的主要通道和避难所,是欧亚大陆生物群落最富集的地区。这一地区占我国国土面积不到0.4%,高等植物却占全国的20%以上,动物种数占全国的25%。目前,这一区域内栖息着珍稀濒危动物滇金丝猴、羚羊、雪豹、孟加拉虎、黑颈鹤等77种国家级保护动物和秃杉、桫椤、红豆杉等34种国家级保护植物。每年春暖花开时,这里绿毯般的草甸上、幽静的林中、湛蓝的湖边,到处是花的海洋,可以观赏到20多种杜鹃,近百种龙胆,还有报春及绿绒马先蒿、杓兰、百合等野生花卉。因此,植物学界将"三江并流"地区称为"天然高山花园"。

高山深峡阻隔了交通,但却使地域文化的发展保留着鲜明的个性。"三江并流"地区是16个民族的聚居地,多民族、多语言、多种宗教信仰和风俗习惯并存,和谐发展,这一文化现象也是世界上罕见的。自古以来,这一地区的人民和谐共处,与美丽的大自然相伴相依,创造了一片宁静、和平、与世无争的世外桃源景象,英国作家希尔顿《消失的地平线》一书中描述的、引起整个西方世界对美丽自然和美好社会无限憧憬的"香格里拉",就在云南省迪庆州中甸县(现已改为香格里拉县)。香格里拉,又译香巴拉,藏语,意为"心中的日月"。生活富足幸福,自然风光优美,远离尘世喧嚣,岁月悠悠,不知老之将至,当然是人们梦寐以求的"心中的日月"。

云南省中东部地区处于中国地理的第二级阶梯、中国第四大高原——云贵高原上。

云贵高原的范围在雪峰山以西,大娄山以南,哀牢山以东,包括云南省东部,贵州全省,广西壮族自治区西北部和四川、湖北、湖南等省边境,是我国南北走向和东北—西南走向两组山脉的交汇处,地势西北高,东南低,海拔在1000~2000米之间。云贵高原是显著的溶蚀性高原,高原上石灰岩厚度大,分布广,经地表水和地下水溶蚀作用,形成水洞、漏斗、圆洼地、伏流、岩洞、峡谷、天生桥、盆地等地貌,是世界上最典型地区之一。云贵高原表面上有一层固结的红色土层(又叫风化壳),久经风化被剥蚀去后,就露出石灰岩,形成大片石芽地。云南路南石林就是石芽地中发育得最好的一片。这里奇峰兀立,如柱如塔,如笋如菌,面积达40多万亩。北盘江打帮河上流的贵州更是喀斯特水溶地形的杰作。黄果树大瀑布瀑高77.8米,宽101米,以它为中心,分布着雄、奇、险、秀风格各异的大小 18 个瀑布,形成一个庞大的瀑布"家族",被世界吉尼斯总部评为世界上最大的瀑布群。黄果树大瀑布是黄果树瀑布群中最为壮观的瀑布,是世界上唯一可以从上、下、前、后、左、右六个方位观赏的瀑布,也是世界上有水帘洞自然贯通且能从洞内外听、观、摸的瀑布。它原为一落水溶洞,后来随着洞穴的发育,水流的侵蚀,使洞顶坍落,因此而形成瀑布。

黄果树大瀑布

云南省中东部地区虽不如西部那样局部高差巨大,但地表起伏也十分明显。由于高度下降,受亚热带季风气候影响,年降雨量超过 1100 毫米,植物生长茂盛,森林覆盖率高,江河湖泊数量众多,冲积或冲蚀而成的坝子数量也明显增多,种植业发达。中国人类的先祖之一——云南元谋猿人在 170 万年前就生活在这里。相对于西北部的原始古朴,这一地区的人类活动比较频繁。四季如春的昆明,风景秀丽的大理,都处于这一地区。

昆明是云南省的省会,中国西南边陲的最大城市。市中心海拔 1891

米,地势平整,是云南省最大的"坝子"。属于亚热带高原季风气候,但北有云岭阻挡寒流冬而不寒,夏因地势高而不暑,四季如春,故有"春城"之誉。作为云南省的政治文化中心,昆明既综合了云南省各少数民族的文化特色,又与现代先进和时尚的文化接轨,同时具备云南省特有的优美的自然风光,常年吸引着大量中外游客。滇池、石林、轿子雪山等自然风光和1999年成功举办世界园艺博览会的世博园成为知名景区。

云南省是多民族文化并存最典型的地区,民族聚居地有26个,所以各民族的传统节日就成了云南民族风情最集中的展示。在众多的民族节日中,彝族的"火把节",白族的"三月街"、"绕三灵",傣族的"泼水节",苗族的"踩花山",傈僳族的"刀杆节"等久负盛名,节日活动丰富多彩。每逢节日,各民族群众都会穿上自己手工刺绣染制的民族盛装,从四面八方汇聚到一起,举行摔跤、斗牛、对歌等活动。按照岁时节令,农历正月初九的金殿踏春、三月初三的西山调子盛会、中秋之夜的大观(楼)赏月、九九重阳的螺峰登高等许多习俗在民间十分流行。在各节日期间,云南省种类繁多的地方文艺都在昆明公共场所演绎,滇剧、花灯戏、民歌小调以及少数民族剧种、民间叙事长诗、民间传说等,历经数百年的发展和传颂,为广大人民群众喜闻乐见。

当然,各民族文化更为具体地表现在饮食上,于是春城昆明成为中国最具魅力的美食城。云南省各种气候和地形条件下生长的物产,众多民族对这些物产的特殊加工方式,集中在省会昆明,又与其他地区包括国外的饮食文化相互交融,形成了既有原始古朴的民间风味,又有融汇百家的现代气息的饮食格局。

在昆明,有你从未见过的可吃的物产,也有你想象不到的加工方法和食用方法。一样是米线,就可以分为小锅米线、豆花米线、羊肉米线、鳝鱼米线、凉米线、砂锅米线、肥旺米线、过手米线、炒米线、过桥米线。同样是烧烤,傣家人用香茅草捆绑着主料,用新鲜竹子夹着放在炭火上,香味悠远,有天然的清鲜;而烧烤的主料,有芭蕉花、菠萝、竹虫、菌子、竹笋、竹鼠肉和不知名的野花野草。白族人用青梅煮鱼,拉祜族把猪脚、苦菜放在竹筒里烹制;哈尼族有烟熏肉,藏族人有牛肉干巴。至于传统美食如汽锅鸡,则在作料上下足功夫。在昆明,在云南,你永远也别想弄清楚各种菜肴是不是绿色食品,仅西双版纳就有10000多种可食用植物,随时随地可采摘的野菜树叶茅草,比如刺五加、野薄荷等等,构成了民族风味的主流。

还有更绝的,云南的物产与外来的加工方法结合在一起,而又要与云南的当地风味吻合,连西餐也民族化了:意大利酱肉面中除了有小米辣,竟然还放进了煮熟的红豆,像昆明菜;比萨分大中小,有番茄酱、牛肉末、红绿辣椒、香菇、洋葱、乳饼、芝士,可谓中西合璧。过去云南人讲究酸甜苦辣咸香臭七味俱尝,如今是古今中外地北天南融会贯通。"高档菜大众化,外来菜本地化,乡土菜精细化",仅仅从饮食一面,就可以看到昆明文化的多元性与独特个性。

与昆明文化的繁富相比,大理白族自治州就清雅了许多。处于中西部核心地带的大理过去曾经是云南地区的政治文化中心,在8世纪30年代曾建立过南诏国。自后唐天成二年(927年),又先后建立了大天兴国和大义宁国。后晋天福二年(937年),通海节度使段思平联合滇东三十七部,进军大理,推翻了大义宁国,建立了大理国。直到南宋宝祐元年(1253年),元世祖忽必烈率大军灭大理国,大理才变成云南的一个城市。在漫长的历史岁月中,大理曾有着显赫的地位和作用。秦、汉之际,大理是"蜀·身毒国道"(从四川成都,经大理、保山进入缅甸,再通往印度)的必经之地,这条通道对促进大理地区和内地的联系、促进中国与诸国友好往来和经济文化交流起着重要的作用。而在如今世人的心目中,大理是一个拥有旖旎的自然风光的旅游胜地,大理古城,崇圣寺三塔,苍山洱海,令人无限神往。

大理的自然风光可以概括为"风花雪月"四个字,那就是"下关风,上关花,苍山雪,洱海月"。下关是大理州政府所在地,处于洱海南边,处于风口,风常为南北向,清爽宜人而常带花香。上关在洱海北岸,自古就以奇花闻名。相传在元朝年间,上关有棵奇树叫"十里香",它开出的粉红色的花朵盘大如莲,奇香无比且带桂花之味。结出的果实,黑色质坚,可作为朝珠用,故而又称之为"朝珠花",这株奇花正常一年开12次,闰年则开13次,引来观者如云,故称上关花。如今的上关,包括其周围的整个坝子,户户都种花养花,一年四季繁花似锦,香飘云外。

苍山属于云岭山脉,因山石呈青灰色,故名苍山,又名点苍山,共有19峰18溪。19峰海拔都在3500米以上,主峰马龙峰海拔4122米。峰顶积雪终年不化,但山顶以下丰富的积雪融化后注入冰碛湖和泉流,聚为18溪,飞瀑流泉,顺山而下,是洱海的主要水源。由春及秋,山下大理坝子上花红柳绿,万木葱茏,洱海湖面风和日丽,碧水万顷,苍山19峰却是白雪皑皑,晶莹夺目,因此有"银苍玉洱"之称。洱海是处于点苍山东麓的断层湖,因南北狭长如耳状,因此得名。洱海南北长42千米,东西最宽处7.5千米,最窄处也有3.5千米。湖面海拔1972米,最大水深21米,周长150千米,湖水面积252平方千米。湖中有三岛、四洲、五湖、九曲之胜,尤其以南普陀岛和南诏岛最为著名。洱海水质清澈,一碧如洗。农历每月十五的夜晚,月圆如镜,如果风平浪静,湖水映月,苍山雄姿也倒映于洱海碧水之中,"明月与星,与别处倍大而更明",雪月相映,美不胜收,这就是著名的洱海月。到农历八月十五日的中秋节晚上,居住在大理洱海边的白族人家都要将木船划到洱海中,欣赏倒映在海中的金月亮,天光、云影、月亮和湖水,与四周群山相拥,静谧玄妙如同仙境。

风花雪月,构成了大理迷人的风光。曾有一位诗人以两个字将此四景串连成为两句诗:"下关风吹上关花,苍山雪映洱海月。"读来意兴益然。

云南省西北部是莽莽山川,中东部是七彩丘陵,南部则是一片郁郁葱葱的热带雨林——西双版纳,中国人心目中最神秘的地域之一。这种神秘,就连生活在西双版纳的居民也深知其味。

西双版纳是傣语,"西双"是 12 的意思,"版纳"是行政单位。明隆庆四年(1570 年),宣慰司(当地最高的行政长官)把辖区分为 12 个"版纳",每个"版纳"就是一个征收赋役的单位,地域面积为 1000 亩,中心地点当然都分布在坝子上,所以也可以理解为 12 个坝子。这 12 个"版纳"分别是版纳景洪、版纳勐养、版纳勐龙、版纳勐旺、版纳勐海、版纳勐混、版纳勐阿、版纳勐遮、版纳西定、版纳勐腊、版纳勐捧、版纳易武,此后便有了"西双版纳"这一傣语名称。

西双版纳

西双版纳位于云南省南部西双版纳傣族自治州境内,地理位置处于北纬 21°08′~22°36′,东经 99°56′~101°50′之间,属北回归线以南的热带湿润区。由于太阳高度角大,这一地区热量丰富,终年温暖,四季常青。一年分为两季,即雨季和旱季;雨季长达 5 个月(5 月下旬~10 月下旬),旱季长达 7 个月之久(10 月下旬~次年 5 月下旬);雨季降水量占全年降水量的 80%以上。因距离海洋较近,受来自印度洋西南季风的控制和来自太平洋东南季风的影响,常年湿润多雨,所以森林繁茂密集,植物盛多,因此也给多种动物提供了栖息空间。西双版纳境内共有植物两万多种,其中属热带植物五千多种,有食用植物一万多种,野生水果五十多种,速生珍贵用材树四十多种。许多植物是珍稀物种或具有特殊用途,如抗癌药物美登木、嘉兰,治高血压的罗芙木,健胃用的槟榔;风吹楠的种子油是高寒地区坦克、汽车发动机和石油钻探增粘降凝双效添加剂的特需润滑油料;桐子油可替代柴油;被誉为"花中之王"的依兰香可制成高级香料;有1700多年前的古茶树;有天然的"水壶"、"雨伞";有闻乐起舞、会吃蚊虫的小草,见血封喉的箭毒木……

广阔茂密的森林中还生活着各种野生动物。目前已知有鸟类429种,占全国鸟类总数67%;兽类67种,占全国兽类总数的16%。西双版纳鸟兽种类之多,是国内其他地方无法相比的,其中被列为世界性保护动物的有亚洲象、兀鹫、印支虎、金钱豹等;有国家一级保护动物野牛、羚羊、懒猴等13种;还有许多二、三类保护动物。在西双版纳,有时见美丽的孔雀、白鹇、犀鸟在林中飞翔,有时亚洲象在公路上漫步,羚羊、野鹿、野兔或者凝眸驻足谛视行人,或者倏地穿过林隙溪水,消失在茫茫林海。

很少有人能深入热带雨林地区的原始森林。在西双版纳的热带雨林中,各种植物生长的密集程度是未曾亲见者难以想象的。古木参天,藤萝相缠,小树和灌木、杂草密不透风,眼前就像一堵绿墙,每迈一步都很困难。除非沿着河流或峡谷,基本上都是无路可行。即使是有胆量走进去,不知飘落了多少年的枯腐枝叶堆积在地上,在湿润多雨和高温作用下,下层早已腐烂,一脚下去,满腿烂泥,跋涉艰难不说,在不通风的低洼处还时有沼气,就是人们常说的"瘴气",对人的生命构成威胁,就连装备精良的科考人员也常望而却步,必须由熟悉环境的当地人带领才能进入。所以至今为止,神秘的西双版纳雨林中到底蕴藏着多少植物仍然是一个大概统计。在现已开发的旅游景区中,人们只能沿着它的边缘,在长期开发出来的旅道上欣赏它那连绵起伏、一碧万顷的安详,想象幽邃林莽内动物植物在生存竞争中的浴血搏杀或相生相克,倾听万籁俱寂时一声声仿佛自远古传来的虎啸猿啼,从而更加嫉妒望天树那木秀于林、俯瞰四野的幸福。

拥有得天独厚的自然资源和灿若星辰的民族民俗文化资源,云南省自 2000 年以后旅游发展很快。从三江并流区域到西双版纳,从高黎贡山到云贵高原,中外游人的足迹访遍了青山绿水、草海花甸。傣家竹楼里,金发碧眼的外国朋友借酒高歌;丽江古城中,天南地北的游客乘兴购物。玉龙雪山旁有宿营的篝火,滇池水泊上漂荡着揽客的游船。云南这片古老而宁静的土地,这片中外商旅寻梦的地方,正在向现代文明加速冲刺。原始古朴的文化与现代文明的碰撞,正在酝酿一种新的文化格局,形成云南新的靓丽风景,也将引发关于保护传统与融入现代的取舍之争。

走过云南,有两种植物让人难忘,那就是望天树和长苞冷杉。

望天树是只有在云南才生长的特产珍稀树种,而且只分布在西双版纳的补蚌和广纳里新寨至景飘一带的 20 平方千米范围内。望天树的所在地,大部分为原始沟谷雨林及山地雨林。它们多成片生长,组成独立的群落,形成奇特的自然景观。生态学家们把它们视为热带雨林的标志树种。一般高达 60 多米,胸径(离地面 1.3 米高处树木的直径称为胸径)100 厘米左右,最粗的可达 300 厘米。高耸挺拔的树干矗立于万树丛中,比周围高 30~40 米的大树还要再高出 20~30 米,真可谓直通云霄,大有刺破青天之势。望天树幼苗只在顶部有叶,在未超过其他树木时绝不生长旁枝,直到突出其他植物的遮蔽之后才舒展开来。

望天树

长苞冷杉是只有在横断山区才有的常绿乔木,生长在海拔 3000～4500 米的亚高山至高山地带。成株高 25～30 米,胸径达 1 米,树干通直。在这一地理高度上,即使有印度洋的暖湿气流,仍然是常年低温,最高月份的日平均气温也只有 19℃,冬季则寒冷漫长,所以大部分高大植物无法生长,只有同样是杉类的其他树种才能偶尔与之相伴。长苞冷杉生长较缓慢,但能形成大材,属于浅根性耐阴树种。在横断山区的皑皑白雪中,长苞冷杉一片葱翠,遗世独立;而当夏日来临,低草繁花匍匐于林下,更加映衬出它那桀骜不驯的傲岸身影。

望天树与长苞冷杉是云南省两种个性极强的树木。高大,挺拔,傲视众生。在激烈竞争时韬光养晦,最后睥睨群雄;在艰难困苦中巍然屹立,自强不息。耐得住寂寞,也不惑于繁华,坚忍自律,心有所持。这让人想起在漫长的岁月中彩云之南那些处于交通闭塞甚至与世隔绝中的人们,他们是如何自持自守,在他们自己生活的空间和时间里不懈努力,缔造了一个又一个具有独特魅力的民族,创造了一个又一个个性鲜明的文化传奇。

云南之美,美在自然景观的绚丽多彩,美在物产的富饶广博,更美在众多民族创造的丰富的文化——那是人类永恒追求的灵魂绽放的奇葩,历经时空变幻和季节轮回,永不凋零,七彩光芒常耀天地。

白山黑水

在中国的东北部,有三座山脉,一座是长白山,两座是大小兴安岭。从长白山及其支脉发源了图们江、乌苏里江、松花江、东辽河和鸭绿江,从大小兴安岭发源了西辽河、嫩江和黑龙江的支流。黑龙江、乌苏里江、图们江、鸭绿江把中国东北与蒙古、俄罗斯、朝鲜三国隔离开来,形成一个三面山水相绕、中部平坦开阔的广大地域,这就是人们常说的"大东北"。长白山与黑龙江南北呼应,所以东北这片土地又常被称为"白山黑水"。

在白山黑水之间,孕育了中国三大文化之一——黑龙江流域的"兽族"文化。大量文物表明,在史前时期,我们的祖先就在东北地区劳动、生息和繁衍。公元前 4000 年前后,肃慎族系创造了东北早期文明——新开流文化。大约在公元前 23 世纪的尧舜时代,全国划分为九州,当时东北地区在幽州境内。夏商周时期,劳动、生息在东北地区的就有肃慎、东胡、华夏等民族。

东北也是中国民族较多的地区。在漫长的历史岁月中,高句丽、肃慎、契丹、女真等民族都曾在此建立过国家,与中原一带的王朝均有征战,其中蒙古族曾入主中原建立元朝,而女真后裔满族人在 1644 年攻入北京,最终统一了中国,建立了中国最后一个封建王朝——清朝。如今,蒙古族、朝鲜族、回族、满族、鄂伦春族、赫哲族、鄂温克族、达斡尔族、锡伯族和柯尔克孜族等 10 多个民族在东北都有聚居地。

东北地区古称辽东、关东、关外、满洲,是中国东北方向国土的统称,以山海关和乌兰察布盟为分界,包括辽宁省、吉林省、黑龙江省和内蒙古东部(即"东五盟市":锡林郭勒盟、呼伦贝尔市、兴安盟、通辽市、赤峰市)。土地面积为 145 万平方千米,占国土面积的 13％;人口 1.2 亿,占全国总人口的 9.18％,是中国东北边疆地区自然地理单元完整、自然资源丰富、多民族深度融合、开发历史近似、经济联系密切、经济实力雄厚的区域。全地区南北最大纵距 1400 多千米,跨暖温带、中温带和寒温带,属温带季风气候,夏季温湿多雨,冬季寒冷漫长。最南部的辽东半岛,冬季约四个月,而在大兴安岭北部地区,冬季长达七个半月。

来到东北地区,最令人感到惬意的就是土地的平旷广袤。在白山黑水之间,是中国面积最大的平原——东北平原。海拔 50～200 米之间的东北平原地表起伏很小,平缓由西南向东北过渡,由辽河平原、松嫩平原下降到三江平原,南北长约 1000 千米,东西宽约 300～400 千米。坐在由沈阳开往哈尔滨的火车上,铁路两侧平展的土地无边无际。冬天是一望无垠的白雪,夏季是远到天边的绿色禾苗;秋天,收割后的水稻、玉米、大豆、高粱一垛垛码放在田间,密密麻麻,无边无际,金黄火红,让人充分领略到"北大仓"五谷丰登的富足。经过近 50 年的开发,东北平原已经成为中国最大的商品粮基地,其中吉林省的玉米产量占全国的 15％,出口占全国的 50％;黑龙江省大豆产量占全国的 40％以上;而东北平原所生产的优质水稻商品率达到 60％以上,几乎供应到了全国各大中小城市。

在半个多世纪以前,东北还是一片人烟稀少的山野,人称"北大荒"。山岭上丛林茫茫,平原内蒹葭苍苍。那时东北的居民主要以狩猎和捕鱼为生,"棒打狍子瓢舀鱼,野鸡飞到饭锅里",当年野生动物资源的丰足可见一斑。西北部内蒙古草原的游牧文化、长白山及大兴安岭的狩猎文化、东北平原间的渔猎文化,至今还深深影响着东北人的性格。资源丰富,人口稀少,猛兽出没,使东北人既有勇猛剽悍的粗犷,又有互助互爱的热诚。不计小利,开朗豁达,诚信待人,豪爽任侠,形成了独特的地域性民风。这种民风即使在现代文明的冲击下也仍然有所保留,如今在人们的心目中,"东北人"仍然是粗豪仗义的代名词。

在中国的文化现象中,有一个非常有趣的领域,那就是酒文化。几乎在中国所有地区生存的民族都不约而同地选择了酒作为尊贵的饮品，而且越是偏远地区，酒的种类越多，浓度也越高。中国的偏远地区大多苦寒，这大概是人们选择酒并且选择高度酒的原因。云南省几乎每个民族都有自己的特色酒，而东北人则以高纯度的粮食烧酒为主。这种烧酒的酒精度动辄五六十度，但东北人不论男女，基本上都能品能饮，这与东北地区冬季的严寒是分不开的。如今东北仍然有以渔牧为生的民族聚居地，比如以打猎为生的鄂伦春族（"鄂伦春"是满语，意为"使用驯鹿的人"和"山上的人"），以渔猎为生的赫哲人，以牧猎为生的蒙古人，除自酿酒外，都有饮用高度白酒的习惯，而且酒量豪巨，一般人难以望其项背，这让人想起他们生活的内蒙古和黑龙江北部地区漫长寒冷的冬夜里呼啸的北风和零下 40℃的低温，想起鄂伦春人家在林莽荒野的木屋内守着一盏油灯和一盆炉火畅饮抒怀的热烈，联想到狗拉雪橇上赫哲人遍访江河、冒寒冬捕时以酒相伴、笑对苍茫的豪情，想象着蒙古人一辆勒勒车、一匹骏马、一顶毡包、一把马头琴和一壶烈酒独行于天涯的苍凉豪壮。

在东北，最具地域个性的地区有三个，那就是长白山林区、内蒙古草原区和三江平原地区。

长白山脉坐落在东北地区的东南部。广义的长白山是指长白山脉，是辽宁、吉林、黑龙江三省东部山地的总称。北起三江平原南侧，南延至辽东半岛与千山相接，包括完达山、老爷岭、张广才岭、吉林哈达岭等平行的断块山地。山地海拔多在 800～1500 米之间，以中段长白山最高，向南、北逐渐降低。

狭义的长白山指吉林省东部与朝鲜交界的山地，为东北山地最高部分。主峰白云峰海拔 2691 米，由粗面岩组成，夏季白岩裸露，冬季白雪皑皑，终年常白，因此得名。长白山是一座休眠火山，历史上有过数次喷发，因此形成了独特的地貌景观。长白山火山口湖的周围，群峰屹立，其中超过 2500 米的山峰就有 16 座，其他山峰高度均在 2300 米以上。山顶部几乎全由距今 12000 年前后喷发的火山灰和淡黄色浮岩所组成。山峰陡峭嵯峨,挺拔峻秀,如莲花、似竹笋,十分壮观,与天池碧水交相辉映,美不胜收,成为与五岳齐名、风光秀丽、景色迷人的关东第一山,素有"千年积雪万年松,直上人间第一峰"的美誉。长白山是松花江、图们江、鸭绿江的发源地,森林茂密,500～1200 米之间以红松、鱼鳞松、沙松、鹅耳枥、枫等为主;1200～1800 米之间以云杉、冷杉林为主;1800 米以上有岳桦矮林,是中国重要林区。林间有梅花鹿、貂、东北虎等珍贵动物以及人参等药材。人参、貂皮、鹿茸为"东北三宝",长期享誉中外。1960 年建立自然保护区,面积 21.5 万公顷。

长白山天池

长白山主峰地区常年雨雪不断,峰顶更是阴晴不定,或丽日蓝天,或烟锁雾笼,或大雨倾盆,或彩虹经天,一日之间,数度变幻,天池之水隐现其中,如深闺丽人,有人多次登临竟未曾一见,由此更觉巍巍长白之神秘。

长白山主峰下的林海是长白山景区中最迷人的风景之一。经多年的保护,丛林基本保持着原始的生态特征。倒伏的巨大枯木,火山喷发后地表开裂的地缝和陷落的天坑,茂密高大的松杉,湍急的水流,在木板铺设的曲折跌宕的旅道边历历而现，人行其中，但觉古木萧森，泉流幽咽，间关鸟鸣，草香扑面，不禁心清气爽，意弛神宁。

长白山脉是东北地区的生态屏障，是中国自然环境最优秀的地区之一。由于森林覆盖率高，降水充足，植物种类非常丰富，有野生植物2277种，仅可食用的野生植物就达100多种，而且产量巨大，常成为出口创汇的商品。人们通常认为东北比较寒冷，植物的品性不高，这是一种误解。正因为相对的严寒，东北的生物都有油脂御寒，所以茎叶根果都很肥硕，单位体积内干物质多，口味厚重，浓香可口。而由长白山发源的图们江、松花江和鸭绿江流域更是野生动物的天堂，虎鹿獐狍，野猪黑熊，山鸡野兔，江鱼林蛙，在过去一直是东北人餐桌上的美食，如今有些种类已由人工饲养，仍然可以小范围供应食用需求。

长白山是关东各民族世代繁衍生息的摇篮，也是多种文化的发源地。满族人以它为圣地，朝鲜族以它为圣山，而当年长城以南的人们闯关东的目的之一，就是到长白山去挖参采药，伏虎猎熊，留下了无数生命的传奇。这些传奇构成了东北文化的一部分，使整个中华文明更加绚丽和丰富。

与长白山的巍峨起伏相比，蒙古草原的一望无垠是另一种苍茫和博大。处于东北地区的蒙古草原因为在500毫米等降水量线附近，温湿较高，草木生长茂盛，河流湖沼遍布，极其有利于牧业发展，所以这一带是内蒙古自治区中牧民最富裕的地区，也是东北三省发展牧业的优选区域。丹顶鹤的故乡吉林省通榆县的向海、"鹤城"——黑龙江省齐齐哈尔市的扎龙自然保护区、"世界上管辖土地面积最大的城市"——呼伦贝尔市，都分布在这一地区。其中呼伦贝尔地区被称为是最适合人类生存的一片"绿色净土"，是大自然馈赠给世人的"天然别墅"。

呼伦贝尔位于内蒙古高原的东北部，西起中俄边界的额尔古纳河及中蒙边界，东迄大兴安岭东麓的松嫩平原，大兴安岭由北到南纵贯全境。总面积26.3万平方千米，相当于山东省和江苏省两省面积的总和。境内有天然草场 8 万平方千米,天然林地 12 万平方千米;拥有 3000 多条河流(其中包括著名的额尔古纳河、克鲁伦河、雅鲁河等),500 多个湖泊(其中包括著名的呼伦湖、贝尔湖);有 3000 多种植物(如樟子松),400 多种野生动物(如狍子、飞龙、黑熊等)。绝大部分森林、草原、湖泊等自然生态环境仍保持着原始状态,成为天然的"大空调""大氧吧"。

走进呼伦贝尔,最突出的感受就是宏阔——草原一望无垠,森林万里苍翠,身临其间,顿觉孤寂和渺小。

呼伦贝尔草原

呼伦贝尔草原是中国最大的草原,世界四大草原之一。平展的草原上虽微有起伏,但浑圆柔和,连绵不绝。站在稍高一点的丘陵顶端,四周景色一览无余。平缓起伏的地表不利于水流的疏浚,河流蜿蜒迂曲,在稍低处汇聚成湖,然后再向低处流去,又与另一个湖相融。水连水,湖连湖,远到天边。春天芳草萋萋,湖水亮似白银;夏天繁花似锦,湖水澄碧如玉;秋天蒲苇漫天,千红万紫;冬季万物萧疏,白雪茫茫。这里宽广、阔大,而稍显重复,甚至使人难辨方向,有走到哪里都一样的感觉。花似乎仍然是那些花,水似乎仍然是那些水,而在冬天,雪野的白光漫射之下,更是一片茫茫天地。在过去,蒙古族牧人春天时驱赶着牛羊出发,来到水草丰美之地暂栖一时,当草被消耗之后,又转向另一片草场,俗称"转场"。在干旱的年景,一次转场就可能跋涉几百里,一个夏天转三五次是常事。没有人知道千百万年来蒙古族牧人是如何在这看似相同的旷野中来定位自己,在秋风渐凉之后能够从容回到他们出发的地方——那里,他们的父母妻子正翘首以望。人们只能猜想,那是一片蒙古族牧人用他们的双脚和心一寸一寸丈量出来的土地,那里的每一座山丘,每一条河流,每一片湖沼,甚至每一株树,每一朵花,都曾寄托过他们的目光,安慰过他们的孤独,陪伴着他们在夏夜的星空朗月下遥望家的方向,倾听过马头琴流过手指、也流过心田的甜蜜的忧伤。蒙古族牧人与这片草原已融为一体,他们就像熟悉自己一样熟悉这片草原,那是他们的生命之根。而如果你以一个游人的身份匆匆而过,当然无法辨识那些只有用心去体会才能熟知的、寄托着蒙古族牧人无限情思的旷野河川。

大兴安岭位于呼伦贝尔草原东部,是内蒙古自治区的主要山脉,南北长约1200千米,北部最宽,在200～300千米之间,是内蒙古高原与松嫩平原的分界,海拔在1200～1300米之间,最高峰2035米。由于它阻挡了夏季季风,东坡降水多而西坡降水少,因此形成了呼伦贝尔大草原,而且西部地表平滑浑圆,东部河流下切较大,有较深山谷。

大兴安岭是中国最北、面积最大的国有林区,总面积8.46万平方千米,分布于内蒙古和黑龙江两个省区的交界处,森林覆盖率极高,达74.1%,原始森林比重大。主要树种有兴安落叶松、樟子松、红皮云杉、白桦、蒙古栎、山杨等,海拔最高处是灌木丛。在浩瀚的绿色海洋中繁衍生息着寒温带马鹿、驯鹿、驼鹿、梅花鹿、棕熊、紫貂、飞龙、野鸡、棒鸡、天鹅、獐、狍、野猪、雪兔等各种珍禽异兽400余种,野生植物1000余种,成为我国高纬度地区不可多得的野生动、植物乐园。在千山万壑间纵横流淌着甘河、多布库尔、那都里、呼玛、额木尔等20多条大小河流,最终注入边陲人民的母亲河——黑龙江,河流中盛产鳇鳇鱼、哲罗、细鳞、江雪鱼等珍贵的冷水鱼类。中国东北的渔猎民族很早就生活在这里。

呼伦贝尔地区的自然风物用一个"大"字概括最恰当不过。呼伦贝尔大草原上是一片大牧场,牛羊成群,远到天边;大兴安岭上是一片大森林,横南亘北,物产丰饶;草原和山间河流潺湲,湖泊棋布,一片茫茫大水域;"山舞银蛇,原驰蜡象"的雪后,草原上不知天地之分,唯有一白而已,而林莽之中,青松傲雪,雪压松杉,雪柳冰凌,苍翠晶莹,呈现出一派北国立体冰雪风光。

还有饮食风格上的"大气"。草原上的牧民喝酒用大碗,上肉用大盆,肉也是一大块一大块的连骨头一起剁开。就是在城市里,这种饮食风格也未改变。在莫力达瓦达斡尔族自治旗的酒馆里,扒牛肉条当然比牧区加工精细了许多,是成片装入盘中的,但一片约半厘米厚、8厘米宽、20厘米长以上,饭量小的,两片下去就见饱。——蒙古族、鄂温克族、鄂伦春族、达斡尔族,本就是中国北方民族中最豪爽、最大气的民族,是如同呼伦贝尔一般阔大的天地造就了他们的性格,也只有他们这种开阔大气的胸襟和品格,才配得上这片苍茫原野。

沿大兴安岭东去,在黑龙江、松花江、乌苏里江汇合地区,是由此三江冲积而成的东北平原中地势最低的三江平原。

三江平原又称三江低地,是中国最大的沼泽分布区。北起黑龙江,南抵兴凯湖,西临小兴安岭,东至乌苏里江,土地广阔,约10.89万平方千米,人均耕地占有面积是全国人均水平的5倍,而且水资源丰富,总量为187.64亿立方米,蓄积在各细小河汊及湖沼中,为各种野生鱼类提供了生长条件。由于地势低平,流速缓慢,河流多有小湖和泡子积水,芦苇及其他水草、喜水灌木及乔木的茎叶多年沉积腐化,水中营养物质丰富,野生鱼类极多,且鲜美无比。在清澈见底的水泡边驻望,大小鱼虾成群在水中嬉游,一瓢下去,大大小小的舀上几条、几十条是常事。当地人拿一把铁锹，把上游来水堵住，把一个水泡里的水淘干，20平方米大小的泡子大小鱼就捡个百十斤。而苇荡丛林中獐狍鹿兔非常多，其中狍子智力最为低下，东北人称反应迟钝的人为"傻狍子"即由此而来。这种动物见到人时并不一定跑开，只要动作不剧烈，它甚至可能到你身边也没戒心；而一旦受惊，就飞一般四散奔逃，快逾奔马，所以拿根木棒，或慢慢接近，或将其惊动，均能轻易将其击倒。山林或草甸是各种鸟类栖止觅食之处，野鸡是其中体型较大而且行动笨拙的一种飞禽，常被鹰鹞追捕，而它的习性类似鸵鸟的习性，一旦遇险就惊惶逃窜，从几十米高空一头冲下，将头钻入草丛或雪堆，任由猛禽撕扯后身，因此惊悸之中撞入民居窗棂之事时有发生。这就是"棒打狍子瓢舀鱼，野鸡飞进饭锅里"一说的来源，由此也可见三江平原野生动物资源之盛。渔猎民族赫哲族自古就生活在这一地区。

在三江平原地区还有两种更特殊的鱼类，那就是大马哈鱼和鲟鳇鱼。大马哈鱼属于回游鱼类，在淡水中产卵孵化，在海中长大，性成熟后再返回原出生地产卵。鲟鳇鱼生活在淡水与海水的交汇处，也定期回游产卵。这种习性使它们每到秋季都定期回游，在开阔的黑龙江面成群而来，在三江汇合处各奔东西。与长江流域中华鲟"神秘爱国"的回游相比，大马哈鱼在规模上蔚为壮观，鲟鳇鱼体型巨大，中华鲟不可与之同日而语。每年的10月5日到25日之间，大马哈鱼集体溯流而上，但见江面黑压压一片鱼脊，每一群都看不到头，用网是截不住的，一触即烂，渔船当然一撞而沉，只能在岸边捕捉；鲟鳇鱼体型巨大，50千克还只是幼鱼，骨与刺均为脆骨，尚未骨质化，称为"鲟鳇鱼羔子"，裹挟在大马哈鱼中，时可捕获，而成年鲟鳇鱼动辄上千斤，在过去很少有捕获记录，当代渔民曾有以炸药绑在鱼叉上炸死鲟鳇鱼的例子，据当地人传说那条鱼有5000斤以上，炸鱼者几经船碎人伤，耗炸药近吨，才最终得手。大马哈鱼及鲟鳇鱼肉质坚挺耐品，鱼子均比黄豆略小，色彩红蓝绿点块相间，如宝石般晶莹,且营养价值极高,堪称餐中极品,所以当地渔民每年仅靠此一季收获就足以生活。

地势低洼,沼泽遍野,三江平原过去一直被称为"北大荒",农业开发的历史较短。但肥沃的土质及充沛的水资源给农业发展奠定了雄厚基础。自20世纪70年代伊始,中国人民解放军和支边知识青年在三江平原地区疏浚河道,整理沟渠,开荒种地,使这里变成了中国最大的粮仓,年产稻谷1500万吨,商品率达到70%以上。照此计算,仅三江平原所产稻谷便可供给除东北三省以外的中国人每人近20斤。而且三江平原地区还是东北农业机械化程度最高的区域,平旷的土地使机播机耕及飞机喷洒农药都很便利。每到秋收谷熟,但见金浪随风如海浪起伏,收割机、运粮车成群结队,场院上稻积如山,庭院内豆聚成丘,到处是丰收的幸福景象。由此,三江平原被中国国家地理杂志评选为中国十大"新天府"之一,与成都平原、台湾嘉南平原、伊犁河谷、山东半岛、闽南丘陵平原、雅鲁藏布大拐弯地区、呼伦贝尔、苏北平原、宁夏平原齐名。

长白山地区、呼伦贝尔地区和三江平原地区是东北三个自然资源和自然生态系统比较典型的地区。这种传统意义上的资源和生态系统在现代农业文明和工业文明的冲击下已经非常脆弱,有很多资源和生态已永远不能再生或修复。站在巍巍长白山上北望,大东北这片莽莽苍苍的土地像一张记载了无数生命故事的书页。很难想象,这片平展开阔的大地,这片苍茫富饶的沃土,竟是鞍马文化的催生地,其间曾生长过吞并天下的野心和觊觎四海的权谋。当成吉思汗在长城内外冲锋陷阵的时候,竟然忘记了他的家乡牛羊正肥;当皇太极山海关鏖兵的时候,也没想到300年以后他的子孙最后还是回到了故土。是什么原因使得这些一代天骄们为中原江山折腰?最重要的一点恐怕就是对中原农业文明的无限向往。现在,农业文明如愿以偿来到了东北,随之而来的,还有比农业文明更先进的工业文明。

中华文明是典型的农业文明。长江文明与黄河文明的发展历史总是与农业的发展息息相关。与之相比,东北作为一个大地理区域,农业开发是最晚的,而且与关内人逃荒到东北以后的文明引领有直接关系。但农业文明对于人类征服自然的作用显而易见,对于人类的生息繁衍和族群壮大至关重要,所以农业文明最终一定会成为东北的历史性选择,而且自然资源积累的能量一旦释放,优势突出,一发而不可收,仅有像呼伦贝尔这样的不适宜农业发展的地区方能例外,幸存为"最适宜人类居住的地方"。如今的东北,湖泽遍布的景象已不多见,野生动物日渐稀少,森林草原面积骤减,代之而起的,是遍野禾粟与楼宇炊烟。人们只能在少数自然保护区内去凭吊东北虎咆哮山林的雄姿,追忆鱼虾携游水泊的盛景,仰视群鸟一春一秋南来北往的自由,在一年一度大马哈鱼回游时尽情享受一次捕捞的快乐——而这一快乐,也仅局限于三江平原地区而已。文明与进步的标准是什么,人类幸福的内涵如何定义,巨大收获与巨大伤害的权衡到底以何为尺度,人与自然和谐发展是否还有至今人们尚未发现的坦途……这是大东北留给中国所有正在向现代文明高速冲刺的自然资源丰富地区的一种参照。

大东北依托自然资源和地理优势,在近100年的曲折发展中用心血和智慧垒砌起了几座大城市:国际贸易港口城市大连,东北最大工业城市沈阳,文化名城长春,充满异国情调的哈尔滨。与1990年相比,大连、沈阳、长春、哈尔滨的占地面积已扩张至少三倍以上,经济发展和文化发展速度很快。森林资源、矿产资源、农业资源及旅游资源给这些城市的发展奠定了得天独厚的基础,近年来又建设了满洲里、黑河、绥芬河、东宁、珲春、丹东等多处口岸城市,这些处于国家边境的商贸城市不仅以自然风光优美、地域文化迷人和物产丰富著称,而且日益扩大的国际贸易及文化交流对东北乃至全国的经济发展和文化建设也都具有巨大促进作用。因此,东北地区成为中国经济和文化发展格局中最重要的一环。

东南绝色

在中华人民共和国成立以前，围绕着政权的更迭，中原实际上是一片战乱不断、人民灾难深重的地区。加上黄河泛滥等自然灾害，中原地区建立的物质和文化成果每到鼎盛就面临损毁，几乎成了一种宿命式的循环。《三国演义》中写道："自古天下大势，分久必合，合久必分。"小说写的是东汉末年的故事，但思想意识却是作者所处的时代——明末清初的。中国古代的历史，从某个角度看，就是围绕中原这片土地的征战史，而中原的核心——传说当年"禹划九州"的中心"中州"河南，因为处于多代王朝的立都之所，每次都是争夺的焦点地区。其周边地区，如陕西、山西、山东、河北、江苏、安徽，也难免池鱼之灾，所以河南及其周边地区自古以来既是人口众多的地域，不堪重负和天灾人祸而四散迁徙的人也最多。颇具幽默意味的是，这些人迁徙选择的对象，恰恰是东北、西北、东南等这些对中原文化无限向往的地区。

在古代，和中原地区相比，东北、西北、东南这些地区的文化与文明确实存在很大差距。文化与文明不是一个空泛的概念，它们总是表现在具体的物质形态中。比如中原地区的农业文明，首先表现为各种农业种植和养殖技术方面的成熟，土地平整且排灌等基础设施配套完善，其次是各种生产工具齐备，而加工制造生产工具的工厂作坊种类齐全，尤其是农产品的加工销售体系和消费结构健全，这样就形成了一个行业系统，随着时代的发展，工具和技术都有了不断进步的可能。而在偏远地区，或者土地需要垦荒，设施需要配套，或者工具落后，或者没有系统的工具加工制造行业，或者农业产品的加工制造和销售体系、消费结构不能全面地将农业产品转化成社会价值而只能自行食用，农业发展就会出现停滞,甚至会出现倒退,最好的局面是出现独树一帜的创新发展,但局限于一隅,缺少交流,这种发展的程度先天决定就是有限的。这种现象在今天也仍然存在,比如云南省的西部地区资源十分富饶,令经济发达地区的生产经营者垂涎三尺但却束手无策,只能倒卖原材料,原因就是当地没有形成生产加工和销售系统,贸然进入就独木难支。而文化和文明还有其他的具体形式,比如在今天,你即使兜里揣很多钱,在偏僻的地方也不可能坐在富丽堂皇的酒店里享受来自全国各地的物产,有时甚至连一个小酒馆也找不到。在交通和经济发展到一定高度的今天尚且如此,在100多年以前的古代和近代,发达地区与偏远地区的差距就更大了。所以,中原地区的人们向周边地区的迁徙实属无奈之举。

清朝以前,中原地区与北方各民族基本上处于敌对状态,互相之间小到边民冲突,大到战争攻伐,几乎从未停止过。长期的争斗使民族间仇恨较深,所以中原人逃难的方向大部分向长江以南的偏远地区延伸,汉民族因此渐渐进入两广和福建。

从地理上看,东南三省区分布在北回归线左右,处于东北——西南走向的武夷山和南岭的南面,年均降水量在1500毫米以上,除北部山区以外,全年最低温度都在0℃以上,四季常绿,植物生长条件优越,应该是中国最适宜发展农业的地区,但由于开发较晚,农业文明落后于中原,起伏的丘陵和并不开阔的河谷间丛林莽莽,人烟稀少,被中原人视为蛮荒之地。其实这里早已有人类的文明活动,福建、广东和广西一带古称"百越之地",在秦朝以前主要生活着古越族居民,其历史和浙江河姆渡人一样悠久。秦汉以后,广西称为骆越和西瓯,广东为南越国,福建称东越或闽越,已进入到当时中原政治统治的版图。

中原人进入东南地区是从春秋战国时期开始的。春秋战国是中国历史上最动荡不安的时期之一,春秋五霸、战国七雄之间在中原一带连年征战,各国百姓租赋、徭役和兵役负担沉重,朝夕不保,十室九空,所以虽有"株坐"和"连坐"等严刑酷法,百姓依然四处奔逃。秦朝统一以后,统治更加残暴,所以从春秋到秦朝,中原人翻越五岭进入广东、广西或通过浙江进入福建的越来越多,两广和福建开始受到汉文化的影响。

由于两广和福建自然资源丰厚,而每批进入这一地区的汉人人数不多,只需要较小的土地面积就能生存,尤其是对中原统治中心的追索仍存恐惧,加上地形复杂,汉人出于自然的阻隔及人为的因素而与中原断绝交流,彼此之间也很少往来,所以即使在一个地域内的不同区域,隔离程度也很深,这一带就成为汉文化变异最复杂的地区,这一点在语言上表现最为突出,其中福建的闽南语极其典型。

闽南语是中国继汉语之后的第二大语系。之所以称为语系而不称语言,是因为闽语有多个分支。在福建有一个非常有意思的现象:隔一座山,彼此语言就可能不同;住在河两岸,两个村就不能对话,但写出汉字来,彼此都能明白。造成这一语言局面的历史原因,就是中原人口为避乱或"征夷"而大规模地分批迁徙。

从秦汉开始,中原汉人就陆续入闽,到晋朝和唐朝达到高潮。汉人第一次大规模入闽是晋朝的"五胡之乱"时期。从汉朝开始,匈奴、鲜卑、羯、羌、氐五个少数民族就已向中原迁徙,居住在北部地区,到西晋时已入居关中的泾水和渭水。304～439年,晋朝经八王之乱而国力衰微,民生凋敝,五胡趁机起兵攻占中原,整个中原地区开始了长达130年的分裂割据、互相混战的动荡时期。中原地区的知识分子、商人、农民及手工业者大规模迁徙至长江以南,一部分进入到福建境内。据《闽书》记载:"永嘉二年(308年),中原板荡,衣冠始入闽者八族,所谓林、黄、陈、郑、詹、何、胡是也。"指的就是当时中原汉人避乱入闽一事。这批汉人有的到了今泉州一带扎根,他们带来4世纪上古汉语。中原汉人第二次较大规模南下入闽是在7世纪。据《漳州府志》记载,"唐高宗总章二年,泉潮间蛮獠啸乱,朝廷以河南中州固始县人陈政总岭南军事,偏裨一百三十二员从焉,镇绥安(今漳浦县),政兄敏嗣领五十八姓入闽相助。陈政死后,其子元光领其众,勘定蛮乱,奉命世镇漳州,遂屯师不旋。世谓漳州开辟自此开始。"这批汉人带来7世纪中古汉语的语音、词汇的特点。唐末王潮、王审知率兵入闽,后据闽在福州称帝,立闽国。而唐宋之间的"五代十国"一片混战中,中原汉人多有迁徙入闽者。经多代的开发,福建已建立了较发达的文明,此后入闽寻求生存发展已成为一种较好的选择,所以宋元及其以后,北方汉人因避乱避祸或其他原因又陆续南下入闽,他们带来不同时期北方汉语的语音词汇特点。

来自不同时期、处于各自地域的汉人使用和发展着各自的汉语,形成了同出自古汉语的一源多流的闽南语系,而相互的隔离使彼此差距越来越大,甚至不能口头交流。闽语流变的历史,从一个侧面反映了中原汉民族生存的忧患和沧桑。

广东、广西的汉文化发展与福建相似。在中原汉人的南迁中,很多人翻越五岭进入两广,在各地区生活,也出现了类似闽语的情况。比如粤语就有广府、潮汕和客家之分,并形成以此为标志的三大民系,这也与他们的先民入粤时间的先后及生活地域各不相同有直接关系。

饱经战乱之苦和激烈的生存竞争的中原汉民族先民们在绝望中开始翻越他们视为畏途的莽莽群山,进入他们心中认定的蛮荒之地。然后,他们才发现,这里原来是一片物产丰盈、民风质朴、山川秀美的天堂。

广西、广东、福建处于热带与亚热带的过渡地区,是中国植物生长条件最优越的地带。海拔低,温度高,降水量大;植物茂盛,种类丰富,同时也供养了各种野生动物,使人类的食物范围大大增加,文化与文明活动的物质基础十分雄厚。在农业文明发达地区生活过的人们,在这片新的地域内很快就克隆出了他们经验中的生产和生活模式,在那里开创出一片生活的乐土,而有很多地方由于与世隔绝,多年不被外界骚扰,竟成为世外桃源。

在东南三省区中,广西的农业开发历史最早。据考古发现,早在距今70万年以前,就有原始人类在此劳作生息。距今10000~6000年前,甑皮岩人走出石灰岩洞与大山河谷,向平原和滨海地区发展,开始定居生活,出现了原始的农业、畜牧业和制陶业。在距今3000年左右,广西开始进入文明社会。先秦时期,广西为骆越国,居住着百越中的"骆越""西瓯""苍梧"人,骆越与西瓯是构成今天壮族的主要两个支系,在11000多年前创造了灿烂的稻作文明。今天壮族传承的古代文化,在很多方面是西瓯、骆越人创造的。骆越国创造的稻作文化、大石铲文化、龙母文化、青铜文化、青铜文化中的铜鼓文化、花山文化,等等,是中华民族宝贵的文化遗产。骆越人和苍梧人、西瓯人一起最先发明了水稻人工栽培法,为中华民族也为全人类做出了巨大贡献。

广西还是东南三省区中自然风光最优美的省份。广西整个地势由西北向东南倾斜,中间是一系列盆地。从北至南,有南岭山脉最高的山峰猫儿山,海拔2141米;有九万大山、六万大山和十万大山。这些山脉分布在西南、西北、东北三面,峰峦重叠,且喀斯特地形发育类型众多,为世界罕见。在喀斯特地形分布地区,无山不洞,无洞不奇,无水不清,无林不秀;天坑地缝,奇岩怪石,溶洞暗河,神奇瑰丽。与重庆奉节小寨天坑齐名、目前已发现有20多座天坑的乐业天坑群震惊世界。而作为喀斯特地形风景奇观的代表,桂林无疑是最灿烂夺目的明珠。

桂林山水

桂林自古就以山水美丽著称于世,有"桂林山水甲天下"之誉。幽曲澄澈的漓江抱城而流,秀雅娴静如少女的峰峦四野环立,凤尾竹,古榕树,枝头桃李,山野村花,点缀周边,"景在城中,城在景中"。更有芦笛岩、七星岩地下溶洞的瑰丽神奇,阳朔漂流途中竹排鱼鹰、箬笠蓑衣的悠然自得。山清水秀,洞奇石美,稻香鱼肥,蜂鼓歌吹,令人陶然如醉,疑是人间仙境。桂林因此成为国家重点风景游览城市和历史文化名城,被誉为国际旅游明珠,是中国自然风光的典型代表和经典品牌。

与广西相比,广东的山脉较少,主要分布在西北、北部和东部,低丘、台地和平原相对较多。发源于云贵高原的珠江从广西而来,在广东省省会广州及其附近从多处入海,与东江共同缔造了珠江三角洲,并在流域内冲积出数量众多的台地和平原,成为重要的农业区。

广东省处于中国大陆的最南端,介于北纬 20°12′～25°31′ 之间,南部大部分平原和丘陵处于热带地区,雨热资源充足,植物生长条件优越,四季常青,花果飘香。热带四大水果香蕉、菠萝、荔枝、芒果产量比广西和福建加在一起还要多。

广东省自然景物最有特点的是气势瑰伟的丹霞地貌区。丹霞地貌属于红土层,发育于中上、白垩系红色陆相砂砾岩地层中,由于流水侵蚀、溶蚀和重力崩塌作用,形成了赤壁丹崖及方山、石墙、石峰、石柱、嶂谷、石巷、岩穴等各种奇特造型。这种地貌以广东北部地区韶关市内的丹霞山最为典型,所以称为丹霞地貌。

丹霞山位于湘、赣、粤三省交界处的仁化县境内,距广东省韶关市 45千米,距仁化县城 9 千米,是广东四大名山之一(其余三座为罗浮山、西樵山、鼎湖山),是国家级重点风景名胜区,国家地质地貌自然保护区。丹霞山风景区内有大小石峰、石墙、石柱、天生桥 680 多座,群峰如林,高下参差,错落有序;山间高峡幽谷,古木葱郁,淡雅清静,风尘不染。锦江秀水纵贯南北,沿途丹山碧水,竹树婆娑,山水相映,满目琳琅,被誉为"中国的红石公园"。丹霞山海拔408米,不算高,但它的山崖远看红霞如锦,近观色彩绚丽,无数奇岩美洞隐藏其中,景色奇伟壮丽,曾有"桂林山水甲天下,不及广东一丹霞"的说法,虽有过誉之处,但丹霞景色给人的震撼也由此可见。

丹霞山

福建省是东南三省区中地表起伏最复杂的地区,山脉丘陵广布,占陆域面积的80%,仅在沿海地区才见面积较大的平原,森林覆盖率也最高达到62.96%,为全国最高;且植物种类丰富,有4500多种。境内的武夷山、寇豸山属丹霞地貌,景色奇崛秀丽,而白水洋景观更是近年来开发的令世界瞩目的自然景观。

白水洋景区位于福建省屏南县,是流泻于青山翠岭间的鸳鸯溪的一段河道。但令人叹为观止的是,这段河道的水底是一整块巨石铺展而成的,面积达8万平方米,且与周围山体相连,浑然天成。整个石面平滑如砥,不着沙尘。由上至下分为三个浅水广场,最大的达4万平方米,最宽处 182 米,河床布水均匀,水深没踝,可自由跋涉。阳光下,洋面波光粼粼,一片白炽,故称白水洋。白水洋的中洋最为壮观,有些节理较发育的岩石因比较疏松,在水流的冲刷下不断脱落,形成一个个"天然浴缸";其间的冲浪滑道,长近百米,宽 60 多米,旅客只要仰面躺在滑道上,就可凭借溪水的冲力向下游滑去,既刺激又没有危险。

登高俯瞰,白水洋的形状犹如一片刚刚耙平的巨大农田,平展展地铺呈在崇山峻岭之中,本身就是一个自然奇迹。对于它的成因有很多解释,但都不具有权威性,因此有"天下绝景,宇宙之谜"之称,以其神秘的美丽和亲近自然的风光吸引着无数游人,成为福建旅游的八大品牌之一。

水,植物,动物,常年高温多雨可三季耕作,奇特的地质地貌,构筑了东南三省区美丽和谐的大自然,也养育了丰饶的物产。与中原地区相比,岭南和福建的食物内容要繁杂得多。除了后来传入中原的稻谷,以及由中原传入的小麦,山菜野果和各种动物皆成美食,使东南三省区的食谱独树一帜,且食物获取相对容易,这对于饱受战火和天灾人祸的古代中原先民们来说无疑是人间天堂。尤其是自古以来岭南地区处于政治统治薄弱地带,多代王朝均免征或减征赋税,使人民可以安居乐业,因此吸引了越来越多的中原百姓,人口数量越来越多,汉文化与当地文化逐步融合,东南三省逐渐走向繁荣。而文化与文明由先进地区向落后地区传播的规律及文化与文明互动互补的必然需求,使东南三省区沿海一带的文化、文明同人民一起,向茫茫大海扩展,在中国最早开始了海洋开发和海上贸易,创造了文化与文明的新格局。

在广大的东南地区,有曲折绵长的海岸线和数量众多的岛屿,中国的海上捕捞及海上贸易很早就发轫于此。相对于陆地资源的有限,海洋虽然具有变幻莫测的巨大风险,但却蕴藏着在过去人们心目中认定的取之不尽的食物。东南地区的先民们很早就开始了对大海的开发和利用，并在漫长的岁月中逐渐完善了造船技术，摸索出了航海经验，然后开始了原始的海洋运输和贸易，其中岛屿最多的福建地区成了"海上丝绸之路"的发祥地。

福建省拥有中国最长的陆地海岸线，达 3752 千米；拥有大小岛屿 1546 个，占全国的六分之一；拥有厦门湾、福州湾、兴化湾、湄州湾、沙埕港、三都澳等众多天然港湾，这些先天的地理优势为福建省开发海洋资源奠定了基础。

福建省开发海洋渔业资源的历史因为缺少文字已不可考，但凭临曲折绵延的海岸线上那些幽深的港口，人类从古至今海上捕鱼的发展历程还可历历想见。在中国历史上最繁华的对外贸易港口之一、从唐朝就开始开发的三都澳的岸边伫立，但见大小岛屿如云上青峰远接海天，各式船只穿梭往来，岛间水道阔狭有别，岛上人家屋宇林立，海水养殖区民居如网，漂浮的网箱内鱼贝鲜活，让人很容易忘记它曾经是一个小渔村的那些默默无闻的岁月。从形状上看，三都澳是一个十分奇特的海湾，口小腹大，水域面积 714 平方千米，却只有一个出水口——东冲口，宽仅 2.6 千米，是世界上少有的海湖。可以想象，在人类第一次与它相遇时，除了海水的苦咸，鱼虾相戏，波光潋滟，百岛罗列，岛上树木丛生，与陆上的湖泊并无差别，这或许就是促使人类向大海迈出第一步的原因。而另一个原因大概和三都澳所在地——宁德的地理情况有关。

宁德市位于福建省东北部，南连福州，北接浙江，西邻南平，东面与台湾省隔海相望，是福建离"长三角"和日本、韩国最近的中心城市。全市土地面积 1.34 万平方千米，直接相邻的海域面积却达 4.46 万平方千米，属中亚热带海洋性季风气候，植物生长条件优越。但宁德市境内山岭起伏，地表深切，高差悬殊，地势陡峻，地貌以山地丘陵为主，其间杂有山间盆地,只在沿海一带有滨海堆积平原——这样的地理条件显然不适于粮食生产,水果和茶叶是其主要农业项目,而渔业生产和水果、茶叶贸易就成为维系生存的必然选择。因此,仅宁德一地,三都澳、沙埕、三沙、赛岐等天然良港的渔业和贸易功能很早就得到了开发。

在福建大部分沿海地区都存在类似的情况。渔业和农副产品贸易促使福建人很早就开始借助海洋之力穿梭于周边岛屿和中国的沿海,造船业在春秋时期就已开始,此后一直领先全国,到宋末已相当发达。随着航海技术越来越成熟,木排、竹筏、小船、大船,乘载工具越来越大,越来越先进,人们终于可以直面大海的汹涌波涛,跨越一个又一个航程的极限,最后自由出入于世界各地的海陆之间。郑和七下西洋组成的庞大船队就是因为有福建的造船技术支撑才能成行,由此也贯通了通往世界各地的海上贸易通道——史称"海上丝绸之路"。

福建先民向大海进发的过程是沿着岛屿行进的。日本、台湾岛、菲律宾、印度尼西亚、马来西亚、越南、新加坡,是他们出入最频繁的地区,活动的内容也从最初的捕鱼发展到物资交流,最后发展到在外乡定居,从事生产和经营活动。福建因此成为中国海上贸易的发源地之一,包括三都澳在内的众多港口成为东西方闻名的商业中心,福建人到世界各地去创业已成为一种传统。到 21 世纪初,福建在世界上 100 多个国家和地区的华侨已达 1088 万,这些华侨从事的工作虽已与福建先民们大相径庭,但其冒险创业的精神却是一脉相承的。

广东先民向外发展的情形与福建类似,而越到后来就越有过之而无不及。

广东海岸线的长度为 3368 千米,仅次于福建列全国的第二位。在地理方面,较多的平原和台地以及热带气候可能养育更多的人口,所以从中原迁徙来的百姓常经广西和福建进入到广东,在以梅州为主的地区发展为客家人,在汕头和海陆丰一带发展为潮汕人,在珠江三角洲地区发展为广府人,形成占广东省居民98%以上的三大民系。其中客家人与广府人先祖以农耕为主,对土地的争夺比较激烈,所以曾发生过族群性的冲突。但随着沿海地区开发的进步,三大民系均开始沿着不同的途径加入到工业和商业活动中,使广东省成为中国最早发展商品经济的地区之一。

如果从商品经营领域的成就来看,广东的三大民系中,潮汕人无疑是最突出的。

潮汕地区是指位于广东与福建交界处的海陆丰及潮州、汕头、揭阳三地级市(包括代管市普宁)以及梅州市丰顺县留隍镇、汤坑镇、汤南镇、东留镇(2004年并入留隍)等地域,这一带生活的人们有着相似的文化背景,大多来自河洛(黄河、洛河,大概相当于河南),居住地也相对集中。地势三面背山,一面向水。境内虽有富饶的潮汕平原,但常有台风与地震威胁。加上历来地少人多(现总面积10400多平方千米,人口竟达1400余万,人均可耕地不到三分田),生存压力很大。

潮汕人应对压力的方法可以用最典型的现代词汇来表述,那就是对内深度挖潜,对外广泛拓展。面对较少的土地,潮汕人的精细耕作天下闻名,有"耕田如绣花"一说。而从事农业之余,潮汕人则以经商来提高生活质量。潮汕地区自古商业文化浓厚,潮汕商人(潮商)是古代三大商帮(还有晋商、徽商)之一,而面临海洋造就的海洋文化培养了潮汕人富于冒险拼搏的精神,在东南沿海地区海上贸易逐渐兴盛的时代背景下,潮汕商人迅速走向世界,取得了辉煌成就。

潮商是中国最精明的商人,被中外公认为"东方的犹太人"。他们既有从事农业生产时那种精细和坚韧,又有大海和自然灾害锤炼出来的生存竞争能力和冒险精神。潮汕人多年受传统影响,对常年四海经商的漂泊生活与冒险生涯不仅毫不在意,甚至还会津津乐道。对于这一点,《潮州府志》上这样评述:"潮民力耕多为上农夫,余逐海洋之利,往来乍浦苏松如履平地……其舶艚船则远达各省,虽盗贼风波不惧也。"而潮商的发展方式也颇有特点,据《清稗类钞》农商类潮人经商篇载:"善经商,窭空之子,只身出洋,皮枕毡衾以外无长物。受雇数年,稍稍谋独立之业,再越数年,几无不作海外巨商矣。尤不可及者,为商业之冒险进行之精神。其赢而入,一遇眼光所达之点,辄悉投其资于其中,万一失败,尤足自立;一旦胜利,倍蓰其赢。"从学徒开始,到大老板,看准了就倾尽全部资产投资,这几乎是潮商公认的一种成功模式。比如当代香港首富李嘉诚,最开始就是钟表店的学徒,然后是推销员,然后投入所有资金办厂,然后渐成富豪,其发家的历史过程与清人所述完全相同。

凭借着坚忍的意志,冒险的精神,精明的头脑,潮商在世界各地屡获成功。加拿大华人首富,澳洲华人首富,欧洲华人首富,香港首富等等,都是潮汕人;全球华人富豪100强中19人是潮汕人。在中国5000多万华侨中,广东人占2000多万,而潮汕人就占1500多万,潮州商会开设到了世界各地。

潮汕人是典型的"游商",与之相比,广府人更愿意开设店铺,成为"行商"(或称"坐商"),客家人则以从事土特产品贩运为主。这三个分支共同构成了粤商,活跃在东南沿海和世界各地,把中国的物质和文化传遍世界,也把世界各地的物产及文化引入到中国。

相较而言,广西人对外发展的路线不多,主要沿陆地向东南亚方向开拓,或汇入广东的外拓渠道,与福建和广东重叠在一起。不过广西的物产和人口消费需求对中国东南沿海的商贸活动是强有力的支撑,在粤商创造的经营格局中占有独特地位。

福建人、广东人的商业活动加快了中国与世界对接的速度,使西方国家更具体形象地认知了中国,西方的商人也沿着海路来到中国。从明代开始,福建沿海的各个港口中就出现了外国商船的帆影,珠江三角洲地区各段河道中来自西方的船舶时常出没,香港各水港中停泊着大小不一、样式不同的中外货船,东西方文化与物资交流逐步繁荣起来。虽然身处内陆、深惧海洋的清政府曾执行"禁海令"阻碍其发展的速度与规模,但潮汕人以其强悍和坚忍一直维持着商业和文化活动,甚至组织起武装贩运与清廷相抗,这使广东地区在清朝期间及其以后能够有机会更多地和更深刻地接触到西方资本主义国家建立的物质和文化成果,成为现代资产阶级思想的诞生地和资产阶级革命的摇篮,孙中山先生就是以广东为根据地,从而开始了推翻清朝政府和建立国民革命政府的艰辛历程。

在1000多年前,两广和福建这片"化外之地"还是统治者和文人们认定的蛮荒之所,一旦遇到政治风波,皇帝就将大臣们贬到岭南,而被贬者立觉凄惨和悲凉。唐元和十年(815年),著名诗人柳宗元和刘禹锡被贬南下,柳宗元做了柳州(今广西柳州)刺史,刘禹锡做了连州(今广东连县)刺史,同时被贬的韩泰任漳州(今福建龙溪县附近)刺史,韩晔为汀州(今福建长汀县一带)刺史,陈谏为封州(今广东封川县一带)刺史。五人闻诏,如丧考妣,其反对者立朝,弹冠相庆。柳宗元到柳州后不久就写了一首诗寄给四人:"城上高楼接大荒,海天愁思正茫茫。惊风乱飐芙蓉水,密雨斜侵薜荔墙。岭树重遮千里目,江流曲似九回肠。共来百越文身地,犹自音书滞一乡。"(《登柳州城楼寄漳、汀、封、连四州刺史》)表达了强烈的失落之意。但这种失意只是远离政治中心、政治抱负不能得到施展的落寞,而非早已因其富庶和自由吸引无数中原人民前往的岭南令其感伤,因为同是被贬谪到更远的广东惠州(今惠阳)的宋人苏轼对岭南的物产就倍加称赏:"罗浮山下四时春,卢橘黄梅次第新。日啖荔枝三百颗,不辞长作岭南人。"不过,岭南之地在清朝之前确实与政治绝缘,距离遥远是一个原因,饱经战乱和政治压榨逃难来此的中原人当然已对政治生活冷漠甚至厌恶,从而更关注自己生活的幸福,更加着意于商业开发,因此形成了浓郁的商品经济氛围,这也成就了后来岭南经济发展的巨大潜力。

有着近千年向外拓展传统的东南沿海地区在 1979 年中国开始改革开放之后,立刻成为最具活力的经济和文化活动的引领者。在不到 30 年的时间里,整个东南沿海地区拥有了雄厚的经济实力,兴起了一大批现代化大城市。从广西的北海开始,沿海岸线东行,湛江、珠海、中山、佛山、广州、番禺、东莞、深圳、汕尾、汕头、厦门、石狮、泉州、福州,一直到浙江的温州,几乎每一个城市的名字都是一段经济传奇的开始。充分开发国内国际市场,对接中国与世界的物质与文化需求,东南沿海地区在新的历史条件下终于将其地理的和文化的优势转化为经济实力,重续商品经济的辉煌。

从广西的北海开始,沿着连通所有滨海城市的高速公路一路东行,但见群山青碧,岛屿连绵,高楼林立,车马川流;城市与乡村已连成一片,难分彼此;海港与街市同样繁忙,车船相拥。工厂的灯光通宵达旦,商场和娱乐场所金碧辉煌,似不夜之天。在卫星拍摄的中国夜间图片中,东南沿海的灯火把陆地的轮廓勾勒得分外清晰。海北岭南,这片繁华锦绣的大好河山,被千年风雨洗练得更加郁郁葱葱,富丽动人。

群峰竞秀

如果说水是土地的血脉，山就是土地的灵魂。有了山，人们才有了仰望的渴求和俯视的豁达，才有了征服的欲望和被征服的快感——不管是人征服了山，还是山征服了人。所以，每一座山都是一个神祇，都有被膜拜的理由。这，大概就是中国的山大多都与宗教有关的原因。

中国的宗教有佛、道、儒三种，其中佛、道两教都追求出家修炼自身的修养，即修身养性。为了寻找修炼场所，和尚与道士们往往避开尘世喧嚣，到高山深林的僻静之处，或依洞而居，或建寺以藏。但完全与外世隔绝是无法做到的，因为建寺需要建材，人也需要衣食供养，于是一代又一代僧道在山与村镇之间开建了通道，幽僻险峻、风月无边的崇山深谷从此与世俗繁华勾连起来。中国很多闻名天下的山岭都是因为宗教的开发而为世人熟知的。

沿着华山盘环逶迤的石阶上行，到回心石为止，已令人感受到了华山的雄奇。但自此之后，山势突然峭拔险峻起来：千尺幢、百尺峡、老君犁沟、苍龙岭、长空栈道，处处惊心，才使人想起回心石的具体含义。在回心石以上，绝壁危崖动辄几百米上千米呈 90° 直立，沿崖边贴壁凿建的石阶擦身而上，山风每动，云雾每飘，必觉肉跳心惊。很难想象，在这样连人立足都不可能的地方，历代道士们竟开凿了 4999 级台阶，建有镇岳宫、白龙庙、翠云宫、都龙庙、金天宫、群仙观、上庙文昌阁和下庙等多处亭台观寺，凿建大小洞窟 70 多处。其缘化之广，运送之艰，劳作之苦，工程之巨，蕴心之诚，实非常人所能。华山之胜，来自于自然景物的险绝奇绝，更来自于人类征服自然的心力带给人心灵的震撼。

号称"五岳归来不看山，黄山归来不看岳"的黄山以风景冠绝天下自不必言,单从发现的角度看其本身就是一个奇迹。从黄山大门出发,左有温泉,右有瀑布。沿温泉一线向上,近两个半小时到半山寺之后,黄山七十二峰仍然不见面目,一路之中但有林木遮道,周山雄峙,虽也豪壮,却不见半分神奇,而人早已疲惫不堪,很多人至此已生退心。只有再坚持半小时的苦累,于林莽或石隙中攀爬而上,偶一回首,突见如玉群峰惊艳天际,才觉山巅之上或有绝色。当你立足天都峰四望,怪石如莲似笋,奇松苍郁夭矫,云雾如聚如散,峰谷波澜壮阔,才知天下竟真有如斯妙境,顿忘此前所有辛劳。这是当代人从早已铺就的石阶上登临黄山的一般经历,我们很难想象,在古时到半山寺之前一定是荆榛遍野、野兽出没的荒芜之地,在半山寺之后山如壁立,乱石当路,用石梯木栈尚且需手足并举,而此时那妙绝天下的胜境还未出现,是什么原因促使人们当年一定要爬到山顶去一看究竟?黄帝在此采药炼丹羽化登仙的传说是否暗示着采药山民或炼丹道士发现了黄山?不管是谁发现了黄山,登山的石阶必然又与宗教有关,因为如果不是经常出入其中,修建道路是毫无必要的。

黄 山

中国的宗教名山很多,例如四大佛教名山浙江普陀山(观音菩萨)、山西五台山(文殊菩萨)、四川峨眉山(普贤菩萨)、安徽九华山(地藏王菩萨),四大道教名山湖北武当山、江西龙虎山、安徽齐云山、四川青城山,都是宗教信徒们直接开发的结果,而中国十大名山——泰山、黄山、峨眉山、庐山、珠穆朗玛峰、长白山、华山、武夷山、玉山和五台山,也大多与人们对山的崇拜有关。比如五岳之首泰山,就是自然风物与人文活动共同作用的文化遗产。

泰山又称岱山、岱宗、岱岳、东岳、泰岳等,同湖南衡山、山西恒山、陕西华山、河南嵩山合称五岳,因位置在东部,故称东岳。泰山地处山东省中部的泰安市,北依省会济南,南临"圣城"曲阜,东连"齐都"淄博,西滨黄河,几千年来一直是东方政治、经济、文化的中心。泰山有着深厚的文化内涵,其古建筑主要为明清的风格,建筑、绘画、雕刻、山石、林木融为一体,是东方文明伟大而庄重的象征。几千年来,泰山成为历代帝王封禅祭天的神山,随着帝王封禅,泰山被神化,因而又享有"五岳之长"的称号。佛道两家、文人名人纷至沓来,给泰山留下了众多名胜古迹。泰山自然景观雄伟高大,有数千年精神文化的渗透和渲染以及人文景观的烘托而被称为"五岳之首",它是精神文化的缩影。

泰　山

泰山形成于太古代,因受来自西南和东北两方面的挤压力,褶皱隆起,经深度变质而形成中国最古老的泰山群;现每年仍以 0.5 毫米的速度继续增高。景区内有自古命名的山峰 112 座、崖岭 98 座、岩洞 18 处、奇石 58 块、溪谷 102 条,潭池瀑布 56 处、山泉 64 处,共有植物 144 科 989 种,植被覆盖率为 79.9%。泰山风景区拥有连续数千年的历史文化遗产,现有古建筑群 22 处、古遗址 97 处、历代碑碣 819 块、历代刻石 1800 余处。主要景观包括南天门、碧霞祠、日观峰、天柱峰、百丈崖、仙人桥、五大夫松、望人松、龙潭飞瀑、云桥飞瀑、三潭飞瀑等。

从山麓的红门开始登泰山,可以深刻领悟泰山的人文与自然之美。曲折重叠的石阶掩映在苍松翠柏之间,红墙碧瓦、檐斗勾回的古建筑偶现沧桑;一座山石,刻写的是李杜诗句,几株松柏,秦始皇封为"大夫",汉武帝为之挥汗。十八盘忽慢忽紧似历史流过岁月风雨,南天门巍峨耸峙如智者漠对尘世荣辱兴衰。孔夫子喟然长叹,唐玄宗惊惶勒马。玉皇顶上皇帝长跪对天默祷,梵音袅绕上下五千年;日观峰前布衣静候丽日东出,白云缠绵天地几万山。泰山是一部自然变迁的大书,是一轴山水写意的巨画,更是中国天人合一的传统文化思想与绮丽瑰伟的大自然共同创制的绝世文化经典。

泰山主峰玉皇顶海拔只有 1532.7 米,与中国上百座 6000 米以上的山峰相比,在高度上好像与"中国第一山"有一定差距,但实际登临却倍觉高峻。层峦耸翠,上出重霄,白云缭绕如玉带环腰,四围群山匍匐脚下,远处黄河经行天边,"登泰山而小鲁","会当凌绝顶,一览众山小",这种俯仰天地的感觉是由于相对高差造成的。泰山矗立在齐鲁丘陵的中部,与周边地表高差竟达 1300 米,如巍然巨人遗世独立,上与天接,下临大地,难怪历代帝王贤圣、佛道禅师均以之为日出之地而观礼祝祷。

在中国的文化中,山的高低并不是评价一座山的唯一标准。刘禹锡在《陋室铭》一文中写道:"山不在高,有仙则名;水不在深,有龙则灵。"这段话可谓深得山水之真味。山可以不高，比如普陀山，海拔只有 300 米，但只要"有仙"，就会出名。普陀山偏在海岛一隅，就岛上生长着特有的珍稀植物这一点来看，在宗教未兴之前，其与世隔绝的程度是很深的，而其西依富丽的浙东滨海，东望东海万顷波涛于云烟缥缈之间，四周的中国最大的群岛——舟山群岛尽收眼底，实有参天地之造化的壮阔，这大概就是佛道信徒来此修行的原因。如果详细解读中国的每一座与宗教及文化有关的名山，就会发现一个共同规律，那就是当年它们都比较偏远，人迹罕至，而且地形奇特，常有绝壁危崖相伴，景物原始古朴，奇崛空阔。"松下问童子，言师采药去。只在此山中，云深不知处。"是道教的练丹采药及静修之术使信徒们走进了深山海隅，是佛教的四大皆空使信徒们走出了尘世人烟，从而使山与岛们有了超凡脱俗的神韵，反而令凡俗之人趋之若鹜。

于是，藏民心目中神圣的珠穆朗玛每年都吸引着人类以生命为代价去征服，庐山白鹿洞书院书香陪伴佛香，泰山从古至今令天子布衣折腰，五台山中心地带的台怀镇人口不到 5000 人，在旅游高峰期，每天却要接待 10 万人。是山使神有了具体的形象，还是神使山有了空灵的意韵，已无人考究，但站在屿顶山巅，面对云影天光，那种融入自然的恬静，真有翩然入仙、得成大道的喜悦。

中国众多的"有仙"之山，重塑着每一个人的灵魂。

万岛争辉

在中国陆地的东部到南部边缘，是广阔的海洋，从北至南，分布着渤海、黄海、东海和南海。在广阔的海洋上，分布着数量众多、大小不一、形态各异的岛屿。中国是一个岛屿众多的国家，据近年来海军测量部队编著的中国第一部海岛志《中国沿海岛屿简况》记载，面积达500平方米以上的岛屿有6536个，总面积72800多平方千米，岛屿岸线长14217.8千米。其中有人居住的岛屿为450个。我国岛屿按其成因可分为4类：(1)大陆岛。它原为大陆的一部分，后因地壳下沉或海面上升，低洼的地方被海水淹没，较高的滨海土地或丘陵露出海面成为岛屿。这类岛屿一般距陆地较近，地质构造和地貌形态与邻近大陆关系密切，同时面积多较其他岛屿大，山势高。如我国的台湾岛、海南岛、平潭岛、舟山群岛等。(2)冲积岛：主要因入海河流携带的泥沙遇到海潮的顶托，在河口附近堆积而成。其物质组成和地貌形态与附近的平原相似。如我国最大的冲积岛——崇明岛。(3)火山岛：由海底火山爆发喷出的岩浆物质堆积而成。在我国主要分布在台湾岛周围，如火烧岛、兰屿、棉花屿及澎湖列岛的大部分。(4)珊瑚岛：由热带海洋生物造礁珊瑚的骨骸及其他贝壳堆积而成。这种岛屿的特点是地势低平，面积较小，且有许多不超出海面。我国岛屿在上述四种类型中以大陆岛占绝对优势，且分布很不均匀。据统计，大约90%的岛屿集中分布在浙、闽、粤三省及仅次于上述三省的辽宁、山东、台湾附近的海域，其中浙江省大于500平方米的岛屿就有3061个，几乎占了全国的一半。按岛屿的定义，面积低于1平方千米的称为"屿"，1平方千米以上(含1平方千米)称为岛，二者合称为岛屿。我国岛屿中不超过1平方千米的"屿"占90%，超过100平方千米的较大岛屿仅有 10 个,它们分别是:(1)台湾岛(35780 平方千米);(2)海南岛(33920 平方千米);(3)崇明岛(长江入海口处,1267 平方千米);(4)舟山岛(浙江,468.7 平方千米);(5)东海岛(广东,401 平方千米);(6)长兴岛(辽宁,252.5 平方千米);(7)海坛岛(福建,251.4 平方千米);(8)东山岛(福建,194 平方千米);(9)金门岛(福建,132 平方千米);(10)厦门岛(福建,128.14 平方千米)。

从统计学的意义上去看中国的岛屿,得之于科学的冷静,却忽略了生活的动感形态。中国的岛大多与陆地很近,有很多就在陆地的怀抱之中,与大陆的生活息息相通而又自存风情,无论大小,都具有独特的魅力。

长海县岛屿

从辽宁普兰店市的皮口港出发,最近在 8 海里之内就可以到达中国东北地区唯一的海岛边境县——长海县的岛屿上。一路东行,长海县 112 个岛、坨、礁依次隐现,如海上仙山。很多岛的面积只在两三平方千米之间,但依山傍水的民居仍错落排列,安详地伫立于海边。岛上居民大多以捕捞为业,少量的耕地只能稍微补给一下偶尔的粮食短缺,家禽家畜的养殖也不多,基本靠到陆地去购买生活用品,比如粮食、肉、蛋、蔬菜、水果、衣料和日用品。在这样四周环海的小岛上,树木虽多,但毕竟有限,其他资源基本很少。除了海浪声,你只能看到白云在天空飘浮,渔船在海面游弋,海鸟飞翔,潮水如期涨落,往返于大陆与小岛的客货混载船按时带来居民们需求的物品,以及他们久盼的客人,这时你会看见一张张最淳朴动人的笑脸,一片待人挚诚、亲近友善的寒暄,弥漫在码头岸边和院落门楣内外。岁月可以老去,时间可以流逝,但有这一片安详宁静的守望,就足以慰藉人生。这种幸福使很多厌倦了都市喧嚣的人们流连其中,乐而忘返。

小岛有小岛的自然和惬意,而大岛却是另一番风情。中国的大岛之最——台湾岛,是自然资源丰富、百业兴旺的发达地区。岛上群峰高耸,森林如黛,河流密布,人口众多,一片欣欣向荣的景象。台湾岛位于福建省东面130多千米的东海上,北回归线从中部穿过,北部属亚热带,南部属热带,年降水量超过2000毫米,水热富集,植被茂盛,森林面积占土地的52%以上,热带水果、蔬菜和花卉享誉世界,樟树提取物为世界之冠,樟脑和樟油产量占世界的70%。岛上山脉和丘陵占总面积的2/3,随岛走向排列着五大山脉:中央山脉、雪山山脉、玉山山脉、阿里山山脉和台东山脉,中央山脉纵贯南北;玉山主峰海拔3952米,是我国东部最高峰;阿里山、日月潭这两处台湾最著名的风景区就坐落在群山之间。台湾还有四大平原和三大盆地,即宜兰平原、嘉南平原、屏东平原、台东纵谷平原;台北盆地、台中盆地、埔里盆地。这些地方优质稻米产量极丰,大多数城市也坐落在这里。另外,台湾岛有1600千米的海岸线,因地处寒暖流交汇,渔业资源丰富。东部沿海岸峻水深,渔期终年不绝;西部海底为大陆架的延伸,较为平坦,鱼类和贝类丰富,近海渔业、养殖业都比较发达。

因为各种资源丰富,并且门类齐备,台湾建立了相对完善的经济体系,在相当长一段时间内创造了经济增长的奇迹,曾被誉为"亚洲四小龙"之一。城市中高楼摩天,路网纵横,人流如织,商铺众多,工厂林立,百业兴旺;乡村里四季花果飘香,稻美鱼肥,安乐富足,被称为祖国的宝岛。

同样是大岛,海南岛却是中国众多岛屿中最具原生态魅力的一片净土。

海南岛位于中国的最南端,与广东的雷州半岛相距 20 千米,东北—西南长约 300 千米,西北—东南宽约 180 千米,从平面形状上看就像一只雪梨,斜卧在南海万顷碧波之上。全岛地势中间高,四周低,中部最高处是著名的五指山和鹦歌岭,向四周逐级下降,河流呈放射状分布。由于全境处于热带地区,年降水量在 1600 毫米以上,岛上遍布热带植物,充满了热带风情。动植物资源丰富,所孕育的热带雨林和红树林为中国少有的森林类型,已发现的植物有 4200 种,占全国植物种类的 15%,有近 600 种为海南特有。其中芭蕉、菠萝、菠萝蜜、橙子、番荔枝、番石榴、海南柚子、红毛丹、黄皮果、荔枝、青椰、糖棕、红椰、榴莲、龙眼、芒果、人参果、木瓜、香蕉、马来葡萄、杨桃、腰果、山竹、鸡蛋果、柠檬、酸豆、蛋黄果、猴面包、西番莲、神秘果、橄榄、槟榔等热带水果供应着全国的市场。海南不仅有众多植物,还有许多鱼类和贝类。海南海产品之丰富,连常年在海中从事捕捞的渔民也未必弄清有多少种类,常有少见的鱼类和贝类令他们也不敢确认。据统计,海南海产有 800 多种,其中鱼类就有 600 多种,面对这么多海产,不遍翻辞典是不可能认全的。

海南岛

而海南岛最令人心驰神往之处，是它周边环绕的海滩上那迷人的海洋风情。

海南岛的海滩是世界级的优秀海滩。在海南长达 1528 千米的海岸线上，沙岸约占 50%～60%，沙滩宽数百米至数千米不等，向海面坡度一般为 5°，缓缓延伸，走进去很远还未及胸颈，低头看去，游鱼和自己的脚趾清晰可见。大多数海滩风平浪静，海水清澈，沙白如絮，清洁柔软；岸边绿树成荫，空气清新；海水温度一般为 18℃～30℃，阳光充足明媚，一年中多数时间可进行海浴、日光浴、沙浴和风浴。当今国际旅游者喜爱的阳光、海水、沙滩、绿色、空气这五个要素，海南环岛沿岸均兼而有之，仅自琼山至三亚的东岸线就有 60 多处可辟为海滨浴场。

坐在双层观光车上，沿着海南岛的明珠——三亚市的海滨一路徐行，三亚湾、大东海、亚龙湾迷人的海湾风景尽收眼底。椰子树巨荫如盖，一片碧水远接天边。沙滩上稚童戏水，老人垂钓，情侣相约，游人搭帐，怡然自乐；海岸上各式别墅依山傍水，掩映椰林，花香馥郁，伊人俏立。"莫道不消魂"，丽日东升时刻，群帆晚归时节，海风轻拂之际，一缕坐拥岁月的悠然伴随一缕无思无欲的幽香飘过心田，久久不散。

写意长城

面对长城,几乎所有人都会心神激荡,壮怀激烈。这条西起嘉峪关、东到山海关,绵延 6350 千米,横贯中国北方的宏大建筑,不仅凝聚着古今无数人民的心智和血汗,更见证了中华民族 2000 多年的风雨沧桑,这种巨大的内涵比长城的城墙加起来还厚重,比万里关山叠起来更巍峨。

站在八达岭长城北段海拔 888 米的北八楼上四望,但见崇山峻岭苍茫起伏,如龙长城纵横跌宕。关外群山之后是那片莽莽草原大漠,关内峻谷之下是那片坦荡的燕赵沃野。数千年来,草原大漠上牛羊游荡,骏马奔驰,中原大地却日出而作,日落而息。两种不同文化的冲突,两种不同生活方式的对峙,沿着这座长城,沿着这片关山,发生了数不清的碰撞,流淌了道不尽的血泪。

中原文明是典型的农业文明。农业文明的最大特点是农民可以在固定的土地上世代生息,生活相对安乐富足,抵御自然风险的能力较强,容易创造出较高的物质文化成就。在农业文明发达的中原地区,虽然从有文字记载以来发生过近 50 次大规模的战争,有的持续上百年,每次战争几乎都将此前的文明成果洗劫成断壁残垣,但战后几十年的平静就足以使城市和乡村重新繁荣起来,汉文化赋予中国农民的坚韧与勤劳足以傲视世界。

相对于中原地区的农业文化,蒙古草原的游牧文化存在着明显的劣势。游牧民族的生活必需品主要来自他们放牧的牲畜,大量蓄养牛羊对于草场的需求很高,而蒙古草原大部分地区降雨量较小,牧草生长速度和生长量都很难维持长期在一个地点放牧,所以牧民们驱赶牛羊沿着水源和草场自然迁徙,即使有固定居住地,周边的牧草也必须储备越冬,春夏秋三季仍需外出放牧,游牧文化由此形成。受到牲畜自然繁殖速度和自然灾害如瘟疫、伤病、野兽侵袭、特大雨雪等条件限制,游牧经济发展迟缓。过去蒙古草原基本没有较大的城市,就连居住地的迁移都很频繁,正说明游牧文化的相对落后。到成吉思汗时期,蒙古草原地区仍然处于奴隶社会,各部族之间互相掳掠攻伐,抢夺奴隶、牲畜及强占疆土的战事时有发生,中原地区富裕的物产成为其劫掠的目标自不待言。而这种对中原的劫掠竟然从春秋战国之前一直持续到清朝前期计 2000 多年,其间包括蒙古民族彻底入主中原奴役汉人达 110 年的最大规模的入侵,可以算得上是一场历时最长的持久战了。

在成吉思汗之前,蒙古草原上各民族对中原的劫掠和他们的游牧习性颇相吻合:长于野战,来去飘忽,闪电突袭,得手即去,女人、牲畜、财物是主要目标,对领土的长期占有欲望并不强烈,一遇有组织的抵抗或反击就撤回大漠,这使历代中原和统治者均深受困扰,所以从战国时期开始,处于北方的秦国、赵国和燕国在多年被动防御不效之后,纷纷修建长城阻扼匈奴、东胡等民族南下,秦始皇统一中国后,将各处长城系统整修完善,第一次形成完整的长城防御体系。此后历代长城的修建都是在此基础上进行的。

在秦朝的物力条件下修建长城这样庞大宏伟的军事建筑是一项十分艰巨的工程。从军事角度看,匈奴骑兵可能在广阔蒙古草原上的任何一个点发动攻击,在这样广阔的地带布防对兵员的需要过于巨大,而且无法阻挡其集中于一点的有效攻击。不过,由于地理原因形成的众多天然隘口是其主要入侵通道,崇山峻岭、巨壑深谷及黄河天险形成了多道屏障,但只守隘口却不能防止入侵者从其他地方渗透,于是以隘口为主要防御重点,在隘口周边加强工事,在敌人不易进攻之处维持联络,就成了长城修筑的基本方针。这种方针的制定当然是科学合理的,是中原百姓长期与匈奴等民族斗争经验的总结,但也正因此,长城必然修建在高峻的山岭和险要的关隘之处,在平旷之处则必须加倍高大宽厚,其土石量之大,运送之艰巨,建造施工之难,都是超乎想象的。秦始皇修长城,动用的人力仅军士就达30万,边修城边布防,而动用民间服劳役者近百万,历时近10年,几乎耗尽了国力,这也成为秦朝灭亡的一个重要原因。

长 城

长城的修建在军事上的意义非常重大。绵延万里的长城并不只是一道单独的城墙,而是由城墙、敌楼、关城、墩堡、营城、卫所、镇城烽火台等多种防御工事所组成的一个完整的防御工程体系。这一防御工程体系,由各级军事指挥系统层层指挥、节节控制,能够在兵力较少的情况下有效扼制外敌的攻击,汉长城、明长城都曾在保卫中原人民生命财产安全方面起过巨大作用。秦时"北筑长城而守藩篱,却匈奴七百余里,胡人不敢南下而牧马"(《新书·过秦》);汉武帝时,"建塞徼、起亭燧、筑外城,设屯戍以守之,然后边境得用少安"(《汉书·匈奴传》)。依托长城之险固,进可攻,退可守,许多名将在此建立了不朽的战功,程不识、李广、卫青、霍去病、公孙贺、公孙敖等将领成为中国人耳熟能详的英雄。

在冷兵器时代，要想逾越长城这样的高墙厚垒，击破重兵防护的要塞，是非常困难的。在秦汉时期，匈奴的多次入侵都无功而返，就说明了长城的军事价值。但汉末、唐末、宋末、明末，甚至清初，匈奴、氐、羌、东胡、乌桓、鲜卑、突厥、回鹘、党项、契丹、女真、蒙古等古代民族反复汇聚长城一带，曾多次突破长城的卫护，纵横驰骋于中原，建立过多个政权，让诗人们长叹："秦时明月汉时关，万里长征人未还。但使龙城飞将在，不教胡马度阴山。"期望名将出世来拯救黎庶，这显然是诗人不能直言统治者无能的一种婉约。祸起于萧墙之内，政治腐败，民不聊生，人民之"心城"已坍，一座物质上的长城当然形同虚设。更有甚者，如宋高宗枉杀岳飞，明崇祯帝诬抗清名将袁崇焕为汉奸，致令其身死之后竟为京城百姓争啖其肉，简直就是自毁长城。

游牧民族入主中原虽然在历史意义上加深了民族的融合，但却给中原百姓带来了深重的灾难。这些民族从来没有长期经营中原的打算，过度的盘剥、血腥的压榨、野蛮的兽行，使中原地区如同地狱，所以汉民族的反抗从未停止过，一次又一次将其驱逐出长城以外。长城在古代本来就是先进文明与落后文明的一条分水岭。相比较而言，清朝入主中原后自动接纳汉文化的文明作为，才真正使长城失去了分界的功能，中华民族的融合局面由此形成，此后长城再也不用修复，除非为了经济意义上的税收征缴和文化意义上的纪念及旅游开发。

沿着八达岭长城的南北两峰继续向外而行，就会发现因年久失修，大部分长城都已残破不堪。岁月在长城上刻下了苍老的印痕，坍毁的残砖碎石隐现于草木之间。不朽的青山养育着一片青葱，承托着长城的残骸，像拥抱着自己心爱的孩子。这建造之石本出于此，而今湮没于此，已与周边所有风物重新融为一体。一同湮没的，还有那些建造者的血汗泪水，和浴血奋战的将士们曾经有过爱恨情仇的血肉之躯。坐在凛冽的风中默读白云苍狗，"大漠沙如雪，燕山月似钩"的轻快，"朔气传金柝，寒光照铁衣；将军百战死，壮士十年归"的欣幸，"青海长云暗雪山，孤城遥望玉门关。黄沙百战穿金甲，不破楼兰终不还"的苍郁豪壮，"醉卧沙场君莫笑，古来征战几人回"的洒脱，"霜净胡天牧马还，月明羌笛戍楼间。借问梅花何处落，风吹一夜满关山"的殷殷思乡之情，突然间穿越时空而来，缥缈于苍天白云之下；那些熔铸了千古风霜的雄关巨堡，嘉峪关、山海关、居庸关、玉门关、井陉关、娘子关、雁门关、平型关、古北口、喜峰口、榆林塞、鸦鹘关、分水关、阳关、老龙头、插箭岭关、金山岭关、独石口、张家口、紫荆关、宣化城、冷口关、浮图峪关、寡妇楼、司马台、慕田峪关、居延塞故城、大同城、杀虎口、金锁关、宁武关……莽莽然跨越空间而去，逶迤于万里关山之上。塞北大漠孤烟，长河落日，江南山温水软，鸥鹭翩跹……这一片锦绣山河，在 2000 年的烽火硝烟散尽之后，留下了人们永远无法厘清的民族情感，重塑着中华民族坚忍不屈、博大宽广的精神脊梁。

研究长城的专家罗哲文先生曾写过一副对联《长城赞》，读来，似乎令人可以稍微淡漠一下长城带给人们的厚重与沧桑——古今多少事，只在一笑中：

"起春秋，历秦汉，及辽金，至元明，上下两千年。数不清将帅吏卒，黎庶百工，费尽移山心力，修筑此伟大工程。坚强毅力，聪明智慧，血汗辛勤，为中华留下巍峨丰碑。

跨峻岭，穿荒原，横瀚海，经绝壁，纵横十万里。望不断长龙烽堠，雄关隘口，犹如玉带明珠，点缀成江山锦绣。起伏奔腾，飞舞盘旋，太空遥见，给世界增添壮丽奇观。"

长城至此终于已成为一种风景。而且，厚重与沧桑，成就了长城的大美。

丝路花语

人类生存活动的核心内容是经济活动。经济活动可以分为生产和经营两个领域，其中经营领域——商业的发展加速了经济的发展，因此成为文明进步的标志。

中国的商业发展历史非常久远，到春秋时期已相当发达，现在有些商户供奉的"财神"之一，就是当时越国的大夫、经济学家"陶朱公"范蠡。他的经营理念如预测行情，窥其先机；贵贱反复，贱买贵卖；完物上种，质高货真；薄利多销，不图重利；加速周转，运币如水，等等，成为中国最早而且最系统的商业理论，被后来商家奉为圭臬。

商品总是由价值低的地区向价值高的地区流动，这是古代商业发生的基础。中国的中原地区及长江流域在古代创造了丰富的物质文明，商品向周边流动是必然的。而周边地区也有其独特的不可替代的物产，相互的商品交流就为商业活动创造了一定的利润空间，于是一条条商路沿着黄河与长江流域向四周辐散开去，延伸至欧亚非三大洲，持续几千年，创造了无数商业活动和文化活动的传奇，留下了宝贵的文化遗产，"丝绸之路"就是其中最典型的代表。

中国是世界上最早开始种桑、养蚕、生产丝织品的国家。近年的考古发现表明，自商、周至战国时期，中国丝绸的生产技术就已经发展到相当高的水平。通过民间商品贸易，至少在公元前 1070 年，埃及就有了中国产的丝绸。在西汉时期，丝绸成为罗马人狂热追求的对象，古罗马的市场上丝绸的价格曾上扬至每磅约 12 两黄金的天价，造成黄金大量外流,这迫使元老院断然制定法令禁止人们穿着丝衣。同一时期埃及的女王,那位以美貌留芳千载的艳后克利奥帕特拉也是一位丝绸爱好者,曾经被记载穿着丝绸外衣接见使节。

罗马和埃及与中国的距离即使在今天看来也是相当遥远的,但商品贸易却成功地克服了这一地理距离,这说明了商业活动在经济发展及促进人类相互交流过程中的巨大作用。在 3000 年前还不可能有海运,陆路是唯一可选择的运输方式,从中国的长安(今西安)或洛阳出发,经新疆进入欧洲,就成了中国与欧洲交往的必然通道。这条通道,因为丝绸是最重要的贸易商品之一,而被称为"丝绸之路"。

古"丝绸之路"由西安或洛阳出发,经甘肃、青海、新疆出中国境,向西到意大利,向南到阿富汗和印度并转到埃及。在今天的地形图上,人们会发现这是一条高原与沙漠不断阻隔的线路,通行非常困难。不过这是现代人的一种思考方式,参照物是汽车、飞机、现代化轮船的运载能力与运送速度。而古代人们外出经商,一去近则数日,远则数年,是很正常的事情,而且在现今看来通行的困难,当年却不一定是问题。沿着丝绸之路而行,在沙漠的边缘和高原上,总有大大小小的绿洲、草场和水源地,马匹和骆驼可以及时得到草料供应,这些汽车难以通过的地方,却是古代运输通用的工具——马匹和骆驼的天堂。经多年摸索,古人在各绿洲、水源地之间找到了最佳的通行路线,这就是丝绸之路延伸走向的基本依据。而且,人们并不是一站式地从中国将丝绸等货物直接运到欧洲,而是采取接力贩运的方式,每一部分都由最熟悉当地交通、语言和商业规则的人来负责,所以商业对接非常便利。

丝绸之路

　　丝绸之路从洛阳、西安开始,到甘肃省省会兰州之后分为南北两线。南线经青海省省会西宁由若羌、且末、民丰、于田、和田、莎车到喀什;北线经甘肃的武威、张掖、酒泉,出嘉峪关,到敦煌再分为南北两线,南线由阳关出玉门关,经焉耆、库车、拜城、阿克苏、巴楚到喀什,北线经哈密、吐鲁番、乌鲁木齐、伊宁后直接出境。这三条线之间在多处有路沟通,可视到达目的地情况和气候、草场、水源变化情况中途调节行程。出中国国境以后,从北至南依次到达哈萨克斯坦(阿拉木图)、吉尔吉斯斯坦(托克马克)、乌兹别克斯坦(塔什干)、塔吉克斯坦、克什米尔地区(吉尔吉特)和阿富汗(喀布尔),然后向印度、埃及及欧洲各国散开。在中国境内,新疆维吾尔自治区就成了各条线路的集散地,由欧洲运来的货物、新疆本地的物产、来自玉门关和嘉峪关内的物品,均在此集中后再转运出去,于是沿丝绸之路周边兴起了很多城市,发展出了多处古文明。除甘肃敦煌的莫高窟外,高昌古国、楼兰古城、龟兹古城、米兰文明、尼雅文明,都在新疆境内。新疆也因此成为古代东西方民族聚集的地区,多种文化得以在此交流和发展。

由此看来,决定丝绸之路繁荣与否的关键不在于地理原因,在丝绸之路几度辉煌与几度沉寂的过程中,起决定作用的恰恰是人为的因素。

在公元前 15 世纪左右,中国商人就已经出入塔克拉玛干沙漠边缘,购买产自现新疆地区的和田玉石,同时出售海贝等沿海特产,同中亚地区进行小规模贸易往来。而良种马及其他适合长距离运输的动物也开始不断被人们所使用,令大规模的贸易文化交流成为可能。比如阿拉伯地区的耐渴、耐旱、耐饿的单峰骆驼,在公元前 11 世纪便用于商旅运输。但是游牧民族匈奴的强盛却使西域(今新疆地区)及其西面的欧洲众多国家饱受掳掠和袭扰之苦,而这些小国之间也是战火不断,到公元前 5 世纪,各种贸易已萎缩成零星的局部物资交流。到公元前 2 世纪,中国的西汉王朝经过文景之治后国力日渐强盛,第四代皇帝汉武帝刘彻为打击匈奴,计划策动西域诸国与汉朝联合,于是派遣张骞前往此前被逐出故土的大月氏。建元二年(公元前 139 年),张骞带一百多随从从长安出发前往大月氏,但在途中被匈奴俘虏,遭到长达十余年的软禁。他们逃脱后历尽艰辛又继续西行,先后到达大宛国、大月氏、大夏。在大夏市场上,张骞看到了大月氏的毛毡、大秦国的海西布,尤其是汉朝四川的邓竹杖和蜀布。他由此推知从蜀地有路可通身毒、大夏。公元前 126 年张骞几经周折返回长安,将西域的情况报告给了汉武帝,增强了汉武帝扩展统治疆域及与西域进行贸易往来的欲望,他一方面于公元前 119 年任张骞为中郎将第二次出使西域,与乌孙国、大宛、康居、月氏、大夏、安息、身毒等国加强联系,一方面招募了大量身份低微的商人,利用政府配给的货物,到西域各国经商。这些具有冒险精神的商人大部分成为富商巨贾,从而吸引了更多人从事丝绸之路上的贸易活动,极大地推动了中原与西域之间的物质文化交流,同时汉朝在收取关税方面取得了巨大利润。为了防御匈奴的不断骚扰，打击丝路上的强盗，加强对西域的控制，神爵二年（公元前60年），西汉政府设立了对西域的直接管辖机构——西域都护府。以汉朝在西域设立官员为标志，丝绸之路这条东西方交流之路开始进入繁荣的时代。

罗马人在公元前30年征服埃及使北非进入到欧洲一统版图，加之张骞第一次出使西域后中国倾国力向西拓展，通过丝路的交流与贸易在印度、东南亚、斯里兰卡、中东、非洲和欧洲之间迅速发展，无数新奇的商品、技术与思想在欧亚非三洲的各个国家间开始融合，大陆之间的贸易沟通变得规则、有序。罗马人很快就加入到这条商道中，从1世纪起罗马人开始狂热地迷恋着从帕提亚人手中转手取得的中国丝绸。当时的罗马人相信丝绸是从树上摘下来的，"赛利斯人（丝绸之国，中国人）以从他们的树林中获取这种毛织品而闻名于世。他们将从树上摘下的丝绸浸泡在水中，再将白色的树叶梳落。（丝绸的）生产需要如此多的劳役，而它们又来自于地球的彼方，这令罗马的少女们可以身着半透明的丝衣在大街上炫耀。"也就是在这一时期，中国的丝绸开始为欧洲所熟知和推崇，成为中国的象征。

然而，当中国进入东汉时期以后，由于内患的不断增加，自汉哀帝以后的政府放弃了对西域的控制，令西域内部纷争不断，后期车师与匈奴连年的战争更令出入塔克拉玛干的商路难以通行，当时的中国政府为防止西域的动乱波及本国，经常关闭玉门关，这些因素最终导致丝路东段天山南北路的交通陷入半通半停，丝绸之路开始了第一次萧条期。而"五胡乱华"时期又大规模摧残了中原地区的生产力，丝绸之路的动力之源遭受到沉重打击，很长时间内也没能恢复到兴盛状态。

丝绸之路的二度繁荣出现于盛唐。出于领土及商业利益考虑，当时的政府借击破突厥的时机，一举控制西域各国，并设立安西四镇作为政府管理西域的机构,重新整修了玉门关,再度开放沿途各关隘,并打通了天山北路的丝路分线,将西线打通至中亚。这样一来丝绸之路的东段再度开放,新的商路支线被不断开辟,青海一带也成为商路通行的地区。加上这一时期东罗马帝国、波斯保持了相对的稳定,令这条商路再度迎来了繁荣局面。

与汉朝时期的丝路不同,唐控制了丝路上的西域和中亚的一些地区,并建立了稳定而有效的统治秩序,西域小国林立的历史基本解除,这样一来丝绸之路显得更为畅通。不仅是阿拉伯的商人,印度也开始成为丝路东段上重要的一分子。往来于丝绸之路的人们也不再仅仅是商人和士兵,寻求信仰理念和文化交流的人们也逐渐在这一时期走上丝路。中国大量先进的技术通过各种方式传播到其他国家,并接纳相当数量的遣唐使及留学生,让他们学习中国文化,佛教等宗教也迎来了在中国广泛传播的机会,一时间唐朝人的文化需求得到了极大的满足。

丝路商贸活动的直接结果是大大激发了人们的消费欲望,因为商贸往来首先带给人们的是物质(包括钱财等)上的富足,这些都是看得见、摸得着的,其次是不同的商品来源地域的不同文化带给人们审美差异上的影响。丝路商贸及文化活动内容相当广泛,从外奴、艺人、歌舞伎到家畜、野兽,从皮毛、植物、香料、颜料到金银珠宝、矿石金属,从器具牙角到武器、书籍、乐器,几乎应有尽有。而外来工艺、宗教、风俗等的随商进入更是不胜枚举。这一切都成了唐人尤其是唐时高门大户的消费对象与消费时尚。相对而言,唐人的财力物力要比此前的朝代强得多,因此他们本身就有足够的能力去追求超级消费,而丝路商贸活动的发达正好为他们提供了更多的机遇,许多人竭力屯奇居异,有钱人不仅购置奇珍异宝,而且还尽可能在家里蓄养宠物、奴伎。帝王皇族带头,豪绅阔户效之,庶民百姓也以把玩异域奇物为能。美国学者谢弗指出:"7世纪(中国)是一个崇尚外来物品的时代,当时追求各种各样的外国奢侈品和奇珍异宝的风气开始从宫廷中传播开来,从而广泛地流行于一般的城市居民阶层之中。"受此风气影响,中国的器具如陶瓷制品也从此时向精美的工艺品转变,丝绸的刺绣艺术水平更加高超,沿着丝路向亚洲其他国家和欧洲、非洲传播,成为他们追逐的热门物品。

但好景不长,历史的轮回又一次如期而至。安史之乱后的唐朝与其他覆灭的王朝一样开始衰败,西藏吐蕃越过昆仑山北进,侵占了西域的大部;中国北方地区战火连年,丝绸、瓷器的产量不断下降,商人也唯求自保而不愿远行。丝绸之路又一次衰落,从此再也没有恢复到唐朝的规模。到12世纪成吉思汗建立起横跨欧亚的大帝国,马可波罗曾沿着丝路而来,但此时由于蒙古人征战中一贯的屠戮、劫掠和摧毁,新疆地区沿途供给的城镇大部分荒废,处于荒漠地区的绿洲和草原生态也因连年征战而遭破坏,难以恢复。到14世纪,中国又遭遇"明清小冰期"的自然灾害,很多地方生物活动减少,新疆不适宜于人类生存的地区增加,这条丝绸之路彻底衰落了。那些一度辉煌的古国和文明,渐渐湮没于流沙之中,成为见证丝路繁荣的遗迹。

当然,促使北方丝绸之路没落的还有其他原因。唐朝末年,由于北方连年战乱,加上长江流域的长期经营,中国的经济中心已经南移。与黄河自古不能通航不同,长江从来水运发达,大江大湖使舟楫的使用历史悠久,在汉朝时期已具备出海能力,到宋朝时福建的泉州等地已成为海运中心。相对于驯养动物运输能力的低弱及北路的天灾人祸及地理风险,海运的货物运载量和安全性都显示出更高的优势,海上"丝绸之路"因此迅速发展起来,从而取代了北方丝绸之路的功能。而在滇西地区与东南亚的交流中,从成都开始,经云贵高原,翻越高黎贡山进入缅甸、印度等国家的"茶马古道"也开发出来,在距离上比经北方丝绸之路进入印度缩短到不可同日而语,被称为中国西南的"丝绸之路"。这两条新丝路的开发,已经使传统意义上的丝绸之路的没落成为必然。

是经济的原因促进了丝绸之路的兴起和昌盛,而最终致使其衰败的,也必然有经济的原因。但传统意义上丝绸之路的故事虽然结束了,它的续篇却刚刚开始。

作为传统丝绸之路的交通中心和货物集散地,新疆与周边国家接壤的独特地理位置优势始终是一种资源。而广阔的新疆在中华人民共和国成立以后,经多年的建设发展,已成为"粮仓""肉库""油盆""煤海",优质棉花占全国产量的三分之一,蚕茧产量在全国名列前茅,畜牧业产品质优量大。由于日照强烈和昼夜温差大,新疆的水果甘美异常,其中吐鲁番的无核白葡萄,鄯善的哈密瓜,库尔勒的香梨,库车的白杏,阿图什的无花果,喀什的樱桃、核桃、光皮桃,叶城的石榴、旗盘梨,和田的蜜桃,伊犁的苹果等,均享有美誉。新疆葡萄干、哈密瓜、香梨更是国际市场的畅销品。除此之外,新疆美丽壮阔的旅游资源种类繁多,数量巨大,居全国之冠,成为新的经济增长点。随着铁路、公路和航空的发展,新疆的资源优势发挥出越来越强大的促进作用,尤其是潜藏了近800年的地理位置优势,在20世纪末和21世纪初再一次焕发青春,16个一级口岸城市再次成为沟通东西方经济文化交流的枢纽,续写着现代"丝绸之路"的辉煌。影响了人类文明进程的"丝绸之路",从此又将构筑现代意义上文化与文明交流的新格局。

翠满京华

在人类生存发展的历史上，用城堡来保卫群体安全是通用的手段。从非洲、欧洲到亚洲，从古至今到底修建了多少城堡已无法统计，特洛伊的故事让人记住了古希腊的城堡和海伦公主那颠倒众生的美丽，英国、德国、法国的封建庄园至今仍残留在欧罗巴的土地上，让人回想起那些悠远岁月里动人心魄的战争与爱情。在城堡的修建史上，时间越接近现代规模越大，建筑越坚固，这是人口增加及工艺水平越来越高的必然结果。直到热源武器发展到足够强大以后，建筑城堡的热情才逐渐冷淡下来。在强力装甲武器和大口径火炮面前，城堡的防御功能越来越低，耗费巨大成本修筑城堡已得不偿失，所以进入 20 世纪以后，再也没有大规模的城堡出现，过去修建的，也因战争原因或经济社会发展需要而残毁不全了。

中国是人类活动历史最长的国家之一，创造了高度发达的物质文明，所以近代以前黄河及长江流域可以说是宏城巨堡林立。陕西西安、河南洛阳和开封、江苏南京这些曾经的国都不论，就如山西大同、河北保定、安徽合肥、江苏徐州、湖北襄阳这些处于交通要道之上的城市，过去也是高墙厚垒，雄城威峙。而作为中国城堡的最高成就，北京城无疑是中国的也是世界的宝贵文化遗产，被称为"表面上最伟大的个体工程"。

北京地区人类活动的历史可以追溯到 70 万年前的北京人时期。作为城市，北京城是历代人民不断建设的血汗结晶。北京从尧帝时就已经是幽州的"幽都"，公元前 1122 年周武王灭商后，封帝尧后代于蓟，封周宗室召公于北燕；后来燕侯吞并了蓟，就以蓟为中心，建立自己的国家，所以从西周到春秋时代,北京都一直叫蓟城。从晋朝开始,北京改称幽州。在辽之前,北京一直都是中原政权统治下的一座边城,担负着抗击北方各少数民族入侵的重任,曾多次被攻陷而又多次收复。唐朝杜甫的诗句"剑外忽传收蓟北,初闻涕泪满衣裳。借问妻子愁何在,漫卷诗书喜欲狂。"就反映了其中一次失而复得的历史过程。

自唐末开始,北方各民族就突破了长城防线,并趁唐朝灭亡后五代十国的中原内乱而建立了政权。其中辽国于926年在北京建都,始称"南京",后称"燕京",北京作为大国的京城,开始了系统的营建过程。宋朝建立后,几度与辽争夺燕云十六州,但基本上是每战每败,不过却延缓了辽国修建都城的速度。后来宋与金共谋攻辽,辽虽灭亡,金却一举将宋逼至江南,并于1151年将都城迁至燕京,改名"中都",再次大规模规划修建。这次营建过程没有受到南宋小朝廷的打扰,规划系统,成果显著。金中都在辽都城的基础上,参照北宋汴京城的规制,除北城垣未动之外,东、西、南三面均加以扩大,略呈正方形,并在辽南京(燕京)城内子城的基础上扩建了皇城。皇城开四门,北为振辰门,东为宣华门,南为应天门,西为玉华门;皇城中建有供皇帝游玩的西湖(现莲花池)。金中都的皇宫优美非凡,号称"为古今冠",它将北宋汴京宫殿建筑的精华移植到北方。金中都皇城的建筑布局直接影响以后元、明、清三朝皇城的格局,如在皇城前建有"千步廊",后来元大都、明清北京城皇城前都建有"千步廊"。金中都皇城的建设实际上开辟了元大都和明清皇城建设的先河,具有承前启后的作用。

在金朝大兴土木修建中都并恢复上京的宫城的同时,蒙古高原上各分散的部落正由铁木真统一成一个强大的部族,建立起庞大的蒙古帝国,铁木真称汗,即成吉思汗,开始东征西讨。1217年灭亡西辽,1219年西征花剌子模,一直进攻到伏尔加河流域。于1225年东归,1227年又灭西夏,成吉思汗也在对西夏的远征中病逝。他的继任者蒙哥于1234年与南宋联手灭掉了金,顺势挥军南下,占领金朝统治的疆域,直逼南宋。蒙哥去世后,继任者忽必烈开始与南宋作战,并于1271年公布《建国号诏》法令,取《易经》中"大哉乾元"之意,正式建国,国号为"元",于次年建都于北京,称为"大都"。1276年,元攻破临安,并于1279年崖山海战中击溃南宋最后抵抗,陆秀夫抱着年仅9岁的小皇帝赵昺投海,宋灭。

从1260年开始,忽必烈就将统治中心南移到燕京,并在原金中都城址的东北侧开始兴建了都城。1272年以后,大都的修建规模更见宏大。元大都的城市规划恪守传统儒家的都城设计方案和《周礼·考工记》提出的前朝后市、左祖右社的原则,皇城坐落在都城正南方偏西的位置上,以太液池为中心,东岸建有宫城和御苑,西岸建有隆福宫和兴圣宫,以及西苑等,具备了明清皇宫的雏形。

经过元朝的扩建和规划,北京城更加富丽壮观,马可·波罗认为"世界莫能与比"。他还在游记中记载了青山(现景山公园前身)的修建过程:"离皇宫不远的北面距大围墙约一箭远的地方,有一座人造的小山,高达一百步,山脚周围约有一英里,山上栽满了美丽的常青树,因为大汗一听说哪里有一株好看的树,就命令人把它连根挖出,不论有多重,也要用象运到这座小山上栽种,这使得这座小山增色不少。因此这座小山树木四季常青,并由此得名青山。小山顶上有一座大殿,大殿内外皆是绿色,小山、树木、大殿这一切景致浑然一体,构成了一幅赏心悦目的奇景。在皇宫北方,城区的旁边有一个人造的池塘,形状极为精巧。从中挖出的泥土就是小山的原料。塘中的水来自一条小溪,池塘像一个鱼池,但实际上却只是供家畜饮水之用。流经该塘的溪水穿出青山山麓的沟渠,注入位于皇帝皇宫和太子宫之间的一个人工湖。该湖挖出的泥土也同样用来堆建小山,湖中养着品种繁多的鱼类。大汗所吃之鱼,不论数量多少,都由该湖供给。"一座园林耗费的人工和财力之巨令人慨叹,整个都城修建之糜费由此可见一斑。

元朝入主中原之后,对中原及南方的汉人实行了残酷的政治统治和经济压榨。元统治者将人民分为四等:第一等是蒙古人;第二等是色目人(西域胡人);第三等是原中原汉人,其中包括随辽、金迁入已定居的契丹人和金人;第四等是南方汉人,包括长江流域。四种人之社会地位差距悬殊,其中三四等人的劳役、赋税种类简直无以历数。各种园林的修建和穷奢极欲的生活加重了人民的负担,政治上的不平等更激化了民族矛盾,加上历代封建王朝统治后期必然的腐败,人民的反抗日趋激烈。1351年,元朝廷征调15万民工整治黄河水患,监督官吏却克扣伙食用饷,激起民变。韩山童、刘福通率红巾军起义,次年郭子兴响应,此后朱元璋也加入起义队伍。1368年正月,朱元璋在应天(今南京)称帝,建立明朝。同年,趁元蒙内斗之机,朱元璋率兵攻下北京,元朝亡,蒙古人逃出长城之外。

　　蒙古人仓皇出逃使北京城没有遭受严重损毁,顺理成章地成为朱元璋分封诸侯的王城。其子朱棣被封为燕王,驻守于此,兼领北防蒙古的大任,因此权势威赫。朱元璋死后,其孙朱允炆承帝位,称建文帝,密谋削藩巩固皇权,将诸王或贬或杀。燕王朱棣为求自保,也为夺皇权,起兵"清君侧",1402年攻下南京。1403年,朱棣登基,改年号永乐。同年改北平为北京,称行在(陪都),设国子监等衙门,并逐次迁设国家级管理机构,开始修建宫殿。1416年,朱棣决定迁都北京,得到臣属的支持,次年开始大兴土木,至1420年完工。1421年,明成祖朱棣正式迁都北京。

　　明朝对北京的修建是在和平环境中和国力强盛的情况下进行的。在此之前的1403年7月至1404年11月,卷帙达11095册、22877卷,目录60卷,字数达37000多万的《永乐大典》已编纂完毕;1405年,郑和已开始了七下西洋的海上外交,明朝的政治经济文化发展已达到一定高度。所以明北京都城的规划建设是最系统、科学和富于文化艺术蕴涵的,从建筑工艺水平到功能区域划分,都代表着当时城市规划建设的最高成就。

明北京城在元大都的基础上进行了全面的系统规划,突出了一条纵贯南北、长达 8 千米的中轴线,在中轴线两侧基本对称网格状布置各功能区。全城呈"凸"字形,从南到北依次为外城、内城和内城中的皇城(内含紫禁城)。外城高 7.5 至 8 米,底宽 12 米,顶宽 9 米。设七座门,南城墙上有 5 座城门,正中是永定门,西为右安门、广宁门,东为左安门、广渠门;东西两城墙各开一座小城门,即东便门和西便门。内城又称"京城"、"大城",城墙高 12 至 15 米,底厚 20 米,顶厚 16 米,上有女墙。有城门 9 座,角楼 4 座,水门 3 处,敌台 172 座,雉堞垛口 11038 个;城外有宽 30 至 60 米的护城河。9 座门分别是:正南中为正阳门,东为崇文门,西为宣武门;城东设朝阳门和东直门,城西设阜成门和西直门,城北设德胜门和安定门。皇城周围 9 千米,设 6 门。正南中为大明门(清改称大清门),东为长安左门,西为长安右门;东城墙设东安门,西城墙设西安门,北城墙设北安门(清改称地安门)。紫禁城为最内城,是皇帝的办公区及居住区,设有 4 门,正南为午门,正北为神武门,东为东华门,西为西华门。南北长 961 米,东西宽 753 米,面积约为 72.5 万平方米,建筑面积 15.5 万平方米;有大小院落 90 多座,房屋 980 座,共计 8707 间,是世界上规模最大、建筑最华美的宫殿建筑群。北京城的中轴线南自永定门始,至最北的钟鼓楼止,中间正好纵贯正阳门、大明门(大清门)、午门、太和殿、中和殿、保和殿、神武门、景山(青山),至钟鼓楼止,形成了一个基本对称的城区。清对北京的改建,除多开了几道门,或因避皇帝之讳改了门楼的名字,再无太大变动。现在人们所看到的故宫,基本上就是明朝的紫禁城,而陈列的物品,当然只能是以清朝为主了。清朝对北京的修建,主要在城区以外展开,如颐和园、圆明园,等等。

自明朝始,北京虽多次历经战火,却每每履危如安,原因是多种多样的。明朝末年,在与清兵及李自成为首的起义军双向作战的长期消耗中,

圆明园

大明已十分疲弱,李自成攻至居庸关,守将唐通居然不战而降;崇祯皇帝昏庸但又十分刚愎自用,在李自成攻入京城时只来得及到景山上吊;李自成入京后,还没来得及掳掠完京城富户就被吴三桂引来的清兵赶出了北京,于是北京城在清兵接手时竟基本上是完好无损的。清末孙中山发动的辛亥革命试图效仿其他国家的君主立宪制,没有对北京进行攻占。在 1949 年的解放战争中,为保住北京这座文明古城,解放军一直没进行炮击;最后傅作义将军出于大义而放弃抵抗,北平和平解放。这一系列历史事件中,北京作为一座存在近千年的政治、军事及经济的中心大城居然得以完整的保全,实在是一个奇迹,对于今人来说,更是一种幸福。

拥有近千年作为都城的历史,北京具有中国任何其他地方所无法匹敌的文化底蕴。来自全国各地甚至是来自世界各国的物产集中到北京,从日常消费到最精美的文化艺术作品、工艺品,从奇石怪兽到罕见的植物,包罗万象,无一不奇,涵盖了天下物产的精华;各种消费时尚由各地迅速转入皇宫,再由皇宫传递出去,引领民间。北京的建筑因为皇帝和皇亲贵戚、王公重臣的需要而气势宏大,雍容华贵,有很多极尽奢华;北京的民居由于规划整齐,布局合理,而显出精致典雅。大量的外来人口带来了巨大的需求,从文化的到服务业的,商机无限,百业兴盛;由科举造就的文化中心地位吸引了无数文人从各地汇聚于此,形成文化信息的融合,文化氛围独领风骚。巨商富贾们攀龙附凤,市井黎庶们沾染风雅,形成了一种以见闻广博、能言善辩为荣的民间风气,这种民风一直持续到今天——北京人的自信和自傲和北京城一样闻名天下。

作为文化底蕴的标志,北京有着太多历史遗迹。北京是中国乃至世界上文化文明遗产最多和最密集的地区。故宫、北海、天坛、颐和园,是建筑的奇观,也是园林的典范,尤其饱含着丰厚的人文成果;八达岭长城、居庸关长城、慕田峪长城、金山岭长城、司马台长城,起伏于巍峨群山的脊背上,守护着一片繁华也守护着一段苍茫的岁月。雍和宫、潭柘寺、西山八大处、明十三陵,缭绕着帝王将相纵横尘世与禅宗佛祖遨游仙界同样的虚无寂灭;四合院、小胡同、银杏树、玉兰花,滋养着市井黎民衣食而安的自在鲜活。在北京,每一条街都有着与国家兴衰相关的故事,每一个堞垛都曾见证过浴血博杀和月夜巡守的寒光铁衣;每一座城门都曾目睹过八方来仪的显赫,每一株柳树也都陪伴过才子佳人月下花前的相偎相依与关山万里的相思相忆。如果这样说近乎文学的夸张,那么你只要考证一下就会发现,北京的地名、街名,只要是沿袭下来的,几乎每一个都是一段历史故事或文化传奇的发生地。历经千年的古都,在每一寸土地上都刻下了文化的印痕。

北京的外城和内城城墙大体处于今天的北京二环路上。对这些城墙的拆毁工作是在 1957 年进行的,当时曾引起关于文物保护和城市发展进步的争论,但旧城墙对于新人口形势及交通形势确实形成了巨大瓶颈。从后来交通和经济发展的态势看,当初的选择给北京的建设提供了极大方便,原北京城外的大片区域与原城区融合到一起,为北京的现代化进程创造了空间。由此看来,保护历史原生态与发展现代文明的冲突,在中国这片土地上,首先仍然是从北京这座文明之都开始的。

北京从一座文化古都变成一座现代化大城市,始于近 30 年的建设。沿着北京的环路观赏北京,从古老到现代的发展痕迹十分明显。二环以内的建筑以古建筑为主,以故宫为中心的南北中轴线上古意盎然,周边建筑以 20 世纪 80 年代前居多,无论是民居还是国家办公机构,大都承袭或依傍着古建筑,新建楼宇也明显低矮;偶见几座 20 世纪 80 年代以后的建筑,显出特别的雄峻。二环与三环之间,20 世纪 80 年代以后的建筑开始增多,楼体高大,形状方正,和全国各地那一时期的"火柴盒"式建筑异曲同工,是为了缓解人口压力及弥补此前多年居民住房欠账而建的。有很多新式大型建筑夹杂其中,大多是后来翻新的、适应新经济文化发展需要的商场和公共文化活动场所。三环到四环之间,现代气息明显浓厚起来。这一地带的建设期很多处于 20 世纪 90 年代以后,新的设计理念和审美理念开始融入建筑的风格中,个性化、接近自然等元素已初现端倪,许多 2000 年以后建成的居民区及公共活动区的文化诸元配套已相当完善。四环以外,是现代建筑占主流的区域,新文化理念及审美理念中自然、人性化、科技含量、个性风格、艺术品位、功能配套、环境配套等多种元素被系统地整合在一起,出现了很多现代气息浓郁的建筑典范,其中奥运村、五环体育馆、水立方等精彩建筑已跃居世界建筑业水平的顶尖行列。

从建筑围墙开始,到拆除篱障,到以交通网络互相沟通,体现了一种社会进步的必然趋势。人类历经风雨而积存的与自然对抗、与同类对抗的习性使城墙林立于古老的原野,人类发展的需求又使这些城垣逐渐倾颓坍毁,衍变为自由畅达、往来任意的坦途。随之而来的,是生活走出篱落,思想冲破禁区,生命形态再一次以自然的个性张扬个体的丰满——文化可以这样圈划一轮轮永动的螺旋。当 2008 年奥运会开幕的夜晚那跨越北京中轴线的大脚印依次闪过,千年古都早已跨越历史,迈向更新的文化与文明的拂晓。中国,这个世界上最古老的国度,这个世界上最古老的族群,正伴随着北京的心跳,一步步走向瑰丽多姿的未来。

龙的大地

古老的东方有一条龙,它的名字就叫中国。古老的东方有一群人,他们全都是龙的传人。

这首歌对于你们恐怕不会很陌生吧! 对了,这首歌的名字就叫《龙的传人》。

龙

也许你们会问:干吗要把中国比作龙呢? 为什么不把中国比作大熊猫呢? 大熊猫温顺、善良而又珍贵,受到了世界各国人民的喜爱。在人们的印象中,龙的形象远远比不上大熊猫那样温顺。它满身鳞甲,张牙舞爪,显得冷酷、怪诞,令人望而生畏。我们可以从许多地方看到它的尊容,比如在祖国的首都北京天安门前面的两侧华表柱上;北京北海公园的九龙壁上;我国南方一年一度的龙舟盛会以及民间节日里的舞龙场面中,等等。但是,这些龙都是只具有外形而不具备生命力的一种标志。它们不是被精工巧匠们刻在大理石上,作为一种装饰或象征,就是为人们用竹子、绸布或纸等物扎制而成,作为喜庆日子里渲染气氛的吉祥物。至今,还没有人看见过活着的龙,更没有人知道龙吃什么,龙是怎样睡觉的。这样,就有人会问了,龙到底有没有? 要是有的话,那它到底是一种什么动物呢?

也许有读者说了:"怎么会没有龙呢,恐龙不就是龙吗?"

这位读者这样说,是有他的道理的。但是,他说得不够准确。恐龙,从这名称上我们不难看出,它也叫作龙。这种龙在很久很久以前的远古时代就已经神秘地灭绝了。它们灭绝的时候,人类还没有出现。然而,恐龙的足迹、骨骼化石却留在了地球上的不少地方,为我们人类留下了许多研究它们的宝贵资料。

在北京的自然博物馆里,保存着一具完整的恐龙骨胳化石。根据这具骨骼化石复原制成的恐龙模型告诉了人们,恐龙的形状和我们现在所说的龙的形状是大不一样的。它头颅窄小,脖颈细长,瞪着一双凶狠的小眼睛,躯体庞大而笨重,身上光滑无鳞。给人以一种愚蠢、呆滞的感觉。全没有龙的那种威严、冷峻的雄风。

由此可见,不管恐龙怎样为后人所夸大和美化,它的形象也是不可能与我们中国的象征——龙相提并论的。

那么,龙究竟是什么呢?

其实,龙是我国古代劳动人民的一种崇拜物。今天展现在人们眼前的龙的形象,是数千年来逐步演化的结晶。它高度概括了我们中华民族形成、融合的历史。龙的躯体上的一头、一目、一鳞、一尾、一爪、一冠、一翅、一羽，无不呈现出当年众多的部族或部族联盟各自原先所具有的崇拜物的标志，充分地显示了我们伟大的中华民族血肉相连的整体性和凝聚力。同时，它也是神灵和权威的象征。尽管龙与我们的民族关系极为紧密，但是它的真相，却是我们中国文化史上所遗留下的最大谜团之一。

从我国古代的汉朝、魏朝起，有关龙的形象在一些传说中已经开始变得越来越离奇了。它被人们神化成了一种长相奇特的怪物。

有一本很古老的书叫做《尔雅翼》，书里面是这样描绘龙的。说它长得"角似鹿、头似蛇、眼似兔、项似蛇、腹似蜃、鳞似鱼、爪似鹰、掌似虎、耳似牛"。

这就是当时展现在人们面前的龙的形象。它的身上，没有一样器官是本身固有的。这样的怪物，在自然界中当然从未有过，也不可能有。但是，人们同时又在不少的史书中大量地记载了龙在人间出没的事实。这些记载有些可能是当时的人们随意编造的，但也有一些却是不能令人不信的。

比如在我国古代著名的史书《左传》里，就有两则关于龙的活动记录。一则叙述了郑国暴发洪水，有两条龙在郑国的都城大门外面相互厮斗的情形。另一则描绘了古代晋国遭受水灾后，它的首都绛城的郊外有龙出没的图景。

《左传》的作者名叫左丘明，是鲁国的史官。他撰写的史书结构严谨，史料丰富而翔实，因而经过千百年一直流传至今。成为后人研究历史和文学的典范。如果龙不是一种实际存在的动物的话，那么，包括左丘明在内的一批创作态度严肃的史学家是不会将这种怪物写进自己的著作中去的。

这也就是说，龙的的确确是存在的。

或许，有许多人都去过动物园。你们看见了憨态可掬的大熊猫，不过，你们也没准儿看到了另外一种动物。它满身疙里疙瘩的，就像披了一层老树皮，体型就像是夏天在灯下捕捉蚊虫的壁虎似的大家伙，一动不动地趴在铁笼子里，样子十分可怕。对，这就是性情残暴而凶猛的鳄鱼。然而，令你想不到的是：今天的许多专家认为，这种其貌不扬的动物，正是我们炎黄子孙始祖的崇拜物，也就是龙的真相。

原来，在远古时代的中国大地上，气候要远比现在炎热得多。尤其是中原地区，湿热多雨，遍地都是沼泽，而且丛林密布，河流纵横。一种令人恐怖，因而也令人敬畏的巨型爬行动物——湾鳄，就生息、繁衍在这片广袤的乐土之上。

湾鳄体型庞大，性情凶猛残暴，可以吞食老虎和豹子。湾鳄的脊背上有一层厚厚的甲，锋利的石斧等对它丝毫构不成伤害。所以，石器时代的人类是拿它没有办法的。由于湾鳄的寿命长达数百年，常以人、兽作为捕捉对象，并且下雨前它常常怒吼如雷、似鼓，人们以为它能够预知阴雨，因此，在当时人类所必需面对的各种猛兽中，这种巨大的湾鳄毫无疑问是最有威胁性的。所以，当时的人们既恐惧它，又崇拜它，把它当作了神，并把它的形象加以美化，刻了许多器皿、用具上。从考古学家们发掘出来的商周甲骨文中也可看出其中的许多文字都是龙的象形。这些象形文字大都有巨头、长吻、有角、卷曲身躯、身披鳞片。从这些特征中，不难看出鳄鱼类的特征。但是，这种作为恐龙近亲的湾鳄，后来由于中原地区的气候变冷而消失了。我们现在在动物园里看到的鳄鱼叫扬子鳄。它与湾鳄有着不少共同点，但体型较小，性情也比较温和。所以，古人认为扬子鳄是"龙之别种"。至于湾鳄，如今我们只能在东南亚一带才能找到它的踪影。

湾 鳄

如果龙的真相就是巨大的湾鳄的话,那么,湾鳄是怎样变成龙,龙又是怎样成为我们中华民族的象征呢?

在遥远的母系氏族公社里,有这样一种习惯。每个氏族都要用一种自然界中的动物、植物作为本氏族的名称,并认为它们与本族有血亲关系,称它们为自己的亲族,这就叫作图腾。

远古的华夏大地,江河横溢。我们的祖先就以这些大江大河为依托,并以此形成他们休养生息的聚居区。因此,长江、黄河、黑龙江及其支系便哺育了我们的祖先——中华人种。这八条大河,便成为中华民族的三大摇篮。祖先们世世代代辛勤劳动,在这里创造了长江、黄河和黑龙江三个文化中心区。

在黄河流域,当时主要有三大部落集团,炎帝族、太昊与少昊族和黄帝族。

在长江流域,有苗蛮集团:伏羲女娲族、蚩尤族、三苗族等。

在黑龙江流域和蒙古草原,有戎狄集团。

这些部族集团在漫长的历史进程中并不是各守一方,互不相联的。他们有时迁徙,有时融合,并以各自所处的自然地理条件、经济特征,创造和发展着独具特色的远古艺术。他们大概因生存条件不同,分别以水族、即龙族,鸟族、即凤族,和兽族作为自己的崇拜物。

后来,由于生存的需要、自然环境的变化、氏族部落的繁衍分化,以及部族的联姻和战争等原因,使各不同的经济区的部族之间相互斗争和融合,不断地创造着新形态的文化,并逐渐汇集融合成了两大文化系列:即龙族文化和凤族文化。纵观中国的远古和近古文化,实际上就是这两支文化不断斗争和融合的结果。因此,我们完全可以这样说,龙凤文化是中华民族文明的发祥和开端。

最初的龙凤形象,是自然界中龙凤的真实写照,也是属于广大劳动人民所有的艺术形象。随着社会的不断发展,到了帝王的权利超越一切的封建社会时,龙凤的艺术形象便被帝王所利用,成了帝王、皇权的象征,不再为人民所拥有了。这时的"龙"是男性最高统治者的代名词,"凤"呢,成了皇族女辈的专用名词。同时,龙的艺术高度发展,超过了凤的艺术,占据了统治地位。从秦汉一直到明、清,龙的艺术形象几经升华,才变化成我们今天所看到的这个样子。

在我们伟大祖国的灿烂文化中,有关龙的传说,简直是精彩纷呈。而对于龙的起源问题,也是众说不一。我们上面所说的龙从鳄生,只不过是许许多多种说法中的一种而已。比如在许多民间的口头文学中,都把龙说成是天上降下来的,或者是说成由地上的某一个德行出众的人升天而成的。据说,大名鼎鼎的秦始皇原来就是天上的一条草龙。他因为争强好斗,和真龙比行云布雨的本事,结果斗输了,从半天云上掉了下来,变成了一条大鱼,直挺挺地摔在了一条大河的河岸上。而老百姓们却不知他是天上的龙,以为他是海水落潮时没来得及逃走的一条大鱼,于是三五成群的人们,这个锯块鱼头,那个割片鱼肉,就把他给分吃了,把骨头和刺儿扔得到处都是。

这条草龙被粉身碎骨后,魂难附体,满腹怨气地上天告状。玉帝说:"这全怪你生性好斗,我看,就干脆将你贬下凡尘,到人间爱怎么斗就怎么斗去吧。"于是,草龙便叩头谢恩,出南天门,降落到人间。

当时,天下正处于七国争雄的荒乱年代,秦始皇来到人间,特别高兴,这正是争强赌胜的大好时机。

同时,天下诸侯割据,又触痛了他的心事,他恨恨地说:"割据,割据,当年割据得我粉身碎骨还不够吗?"于是,他挥刀灭掉了齐、楚、燕、韩、赵、魏六国,结束了诸侯割据局面,统一了中国,成了中国历史上第一个封建皇帝。

有趣的是,天上的龙下界有变成统治人间的皇帝的,还有变成人间苦力的。比如像我们非常熟悉的《西游记》里那匹协助唐僧师徒去西天取经的白马,就是没有在人间抢上好位子的倒霉鬼。

一些好人升空化为神龙,也是传说中屡见不鲜的。这些人大都是地上的孝子,或者是不屈服于恶势力的好汉。从这些脍炙人口的故事中,我们不难领略到古代劳动人民丰富的想象力和追求光明、幸福的善良愿望。

中华人民共和国的建立,使几亿华夏儿女成了国家的主人。龙,才真正地成为了我们国家、民族和人民的象征。这就是人们把中国称为"东方巨龙",把中国人叫作"龙的传人"的原因。

雪山女神

在西藏有这样一个美丽的传说。在很久很久以前的中国大地上,曾经有过这样一个迷人的地方。这里濒临着一望无际的湛蓝湛蓝的大海。海里,生长着海百合、三叶虫、鹦鹉螺、笔石、菊石、箭石、鱼龙、穿孔贝等动物。海边上,长满了郁郁葱葱的树林和争奇斗妍的花草。由于这里气候温暖湿润,所以,几乎所有的花草都永不凋谢和枯萎。满山遍野的果树,一年四季都挂满累累的硕果。在密林之下,栖息着数不胜数的珍禽异兽。所有这一切,使得这里变成了一座天然的花园和动物的乐土。可是,忽然有一天,不知道从什么地方窜来了一群妖怪,在这美丽的土地上张牙舞爪,横行无忌。这一带顿时变成了一个豺狼横行、神鬼出没的恐怖地方。这些妖魔鬼怪,大肆摧残花木,捕兽捉鸟,把一片好端端的乐土变成了草木凋零、鸟兽悲鸣的凄凉世界。正当这个时候,突然,从远方飘过来一朵五色祥云。云头上,站着一位白衣素裹的美丽仙女。她,就是亿万生灵的救星,雪山女神珠穆朗桑玛。珠穆朗桑玛用自己无边的法力降服了那些妖魔鬼怪,并用神力搬来了一座高大的山峰,把妖魔鬼怪压在山脚下,使它们永远无法出来再为非作歹。同时,珠穆朗桑玛女神每天带着大批神牛、神羊,在这美丽如画的草原上漫游。她走到哪里,哪里的土地就撒满了种子;湖水里就生出成群的鱼儿;山上的花草树木越来越繁茂;整个大地又变得生机盎然、美丽无比了。草原上发生了旱灾,女神便从高山冰湖里引来了滚滚雪水,雪水滋润了干旱的土地。青青的牧草生长出来了,数不清的牛、羊也变得又肥又壮。女神的功绩和威力,受到了人们的衷心赞美。人们无限敬仰她,用人世间最美好的语言来祝福女神珠穆朗桑玛永驻人间。在许多许多年以后,这里变成了险峻、挺拔的高山，人们却仍旧怀念这位女神。于是，就把山中最高、最美丽的那座峰叫作珠穆朗玛峰。

珠穆朗玛峰是世界上最高的山峰，海拔 8844.43 米。它山势雄伟，耸立在银色巨龙一般的喜马拉雅群峰之中。如果是在天气晴朗的时候，你就是站到离山峰 200 千米远的地方，也能望见它那巍然挺拔的风采。

珠穆朗玛峰位于喜马拉雅山脉的中段，我国西藏自治区和邻国尼泊尔王国的边界上。它的北坡是我国的领土，南坡则属于尼泊尔。因为喜马拉雅山脉是世界上最高的山脉，平均高度近海拔 6000 米，高峰林立。所以人们称喜马拉雅山脉为"世界屋脊"。而这个"屋脊"的顶峰就是珠穆朗玛峰。

珠穆朗玛峰

那么，这样高的山峰是怎么形成的呢？其实，珠穆朗玛峰以及喜马拉雅山正像前面所讲的那个美丽传说中所描绘的那样，在距今 20 亿年到 6 亿年以前，是一片茫茫的汪洋大海。地质学家们把它称为泰底斯海，也称喜马拉雅古海。这个古海的南北是两块古代大陆，南面的是印度古陆，北面是亚洲古陆。在极其漫长的岁月中，喜马拉雅古海的地壳运动相当强烈,古海一度变为陆地。经过了这次变动,古海南面的印度古陆就稳定了下来,而北部也就是现在的喜马拉雅山脉一带,不久又重新下沉,没入了汪洋之中。就这样,5亿多年的时期过去了,在古海中出现了生物。随着时间的推移,这些生物由低级向高级发展。地壳的升降活动,促使了古海中旧生物群的消失和进化的新生物群的诞生。

我们国家的地质考古工作者们,曾经不止一次地在喜马拉雅山上发现过保存在岩块中的古代海洋生物化石。这些化石记载了喜马拉雅古海的发展历史。这告诉了人们,那时的珠穆朗玛峰地区是一个气候炎热的浅海地区。那里先是生活着一些原始的动物,以后,在古海中出现了脊椎动物鱼龙和螺蛳、蛤等种类繁多的软体动物。到了距今大约三千多万年以前的时候,喜马拉雅山脉开始从海底隆起。至一千多万年前,山脉全部露出了水面。从而宣告了喜马拉雅古海历史的结束。那些一直被淹没在海底的岩层,一跃成为世界上最高的山脉。地质学家们把这次地壳变动称作喜马拉雅造山运动。珠穆朗玛峰就是在这不断的造山运动中脱颖而出的。

珠穆朗玛峰的外形,就像是一座巨型的金字塔。这里,到处是悬崖陡壁。由于地势高,所以氧气稀薄,气候多变,常常是暴风骤起,飞雪铺天盖地,环境十分恶劣,然而,就是在这种险恶的自然环境中,仍然有生命在顽强地生存着。乍一看,珠穆朗玛峰上石海一片,荒芜异常。但是,假如你作为一名登山队员攀上了珠峰之后,你就会发现许多盛开的野花。它们是身上披满白色绒毛的雪莲花,个子又矮又小、枝短叶阔、匍匐于地面的紫云英。还有龙胆花、火绒草、点地梅等等。这些都是我们在平原上难以见到的植物。就在这些顶风傲雪的植物丛中,也并不平静。一些蜂、蛾子、蝇和甲虫在忙忙碌碌地寻找着各自感兴趣的东西。机灵的野鼠们窜来窜去。也许就在你的身旁,会忽然扑啦啦地飞起来几只羽毛美丽的雪鸡。陡崖上那些移动的小点子是散步的岩羊。雪地中那凹陷的朵朵梅花,是雪豹奔跑跳跃的足迹。

五月份的珠穆朗玛峰应该说是最美的。在这个季节里,风不再那么烈猛地刮,雪也不再不停地下。珠穆朗玛峰变得格外安详、庄重。这个月份,也是各国的登山队员和科学考察队向峰顶进军的黄金季节。

　　珠穆朗玛峰终年积雪,晶莹绮丽。最先发现和熟悉这个世界高峰的,是我们国家的藏族同胞和尼泊尔人民。早在18世纪的初叶,我国的测量人员就已经将珠穆朗玛峰的位置测定好,并将所测得的数据载入了1719年铜版印制的清《皇舆全览图》。

　　珠穆朗玛峰有着举世无双的海拔高度、绚丽多姿的地形地貌和神奇莫测的自然奥秘。因而长期以来吸引了大批的不同国籍的登山家、科学家和探险家。人们把珠峰同南极和北极相提并论,称为世界的“第三极”。本世纪以来,北极和南极都已经先后被人类征服。所以,这个“第三极”就越来越引起人们的兴趣了。近年来,前来珠峰进行探险的登山队比比皆是。人类已经先后二十多次从南坡和北坡登上了峰顶。其中,我国的登山队员曾于1960年5月25日和1975年5月27日两次从自然条件复杂、气候恶劣的北坡胜利地登上了峰顶。

　　从北坡攀登珠穆朗玛峰,不仅要忍受恶劣的气候,而且还要越过两个最艰险的地带,这就是北坳和第二台阶。

　　北坳的顶部海拔7007米。从底到顶高达400米,犹如一堵巨大的冰墙。冰厚坡陡,从上到下全是银白色的冰瀑,冰裂缝纵横交错,冰崩、雪崩极为频繁。

　　而所谓的第二台阶则是从北坡通向峰顶的最后一道天险。它的岩壁又陡又滑,坡度平均在六七十度。地形复杂,很容易迷路,顶部是一座5米高的垂直陡壁。

　　所以,从北坡登上珠峰峰顶要远比从南坡艰难得多。英勇的中国登山健儿们,不畏艰险,敢于拼搏,终于在这一领域中走在了其他国家登山队的前面。

疑是银河落九天

凡是见到过瀑布的人,都不会忘记那倒悬的白帛从遥遥云天上腾空而下的壮观景色。也不会忘记那瀑布跌落水面,激起的白浪银花。

在我国的名山大川中,有很多这样的瀑布。这些瀑布沿着各种不同形状的悬崖峭壁,奔流倾泻。"飞流如玉带,直下数千尺。新月如镰钩,遥遥挂碧空。"这首诗,就是古人对大自然中飞瀑、明月奇景所作出的生动的描述。

我国著名的瀑布有黑龙江省镜泊湖上的吊水楼瀑布、白头山顶的天池瀑布、浙江省雁荡山龙湫瀑布、天台石梁瀑布、青田石门飞瀑以及马来瀑布和十分寮瀑布等。其中最闻名的,还是要数贵州白水河上的黄果树大瀑布了。它位于贵州省西南部镇宁布依族苗族自治县城西南 15 千米处。它是我国最大的瀑布,也是世界著名的瀑布之一。

黄果树瀑布宽约 80 多米,落差 74 米。它的水势之大、落差之高、气魄之险、景色之美,是在全国瀑布中罕见的。

那么,黄果树瀑布是怎样形成的呢?在当地的布依族人民中间,流传着这样一个传说。

传说中,各个民族有各个民族的龙,这条龙护佑一个民族的兴旺。如果龙死了,这个民族就会衰败、灭绝。布依族也有一条龙,大家叫它布依龙。

那一年,布依龙在龙宫里住久了有些烦闷,想上岸散心。布依青年最喜欢的"六月六"到了,男女青年都欢天喜地在花坡玩耍。布依龙就变成一个年轻的布依后生,头包白头巾,跟着成群结队的布依青年,到花坡去玩耍。

花坡上好热闹,小伙们穿起崭新的对襟衣,包上新头帕,草鞋上还缀着红绒球。姑娘们将黝黑的头发绾成辫子扎起红艳艳的头绳,绣花的围腰上系起绣得金光耀眼的新带……布依龙也夹杂在里面,和姑娘小伙们一起玩得高兴。它不晓得杀身之祸正在等着它。

原来,一个狠心的汉官想消灭其他民族,正在四处捕捉各民族的龙。有些龙没有防备,被他捉来斩了。布依龙灵活机警,又不大出水玩耍,官家捉它几次都没有捉到。这年"六月六"到了,官家估计布依龙会出来玩,就在通往花坡的各条路口布置兵马,要等布依龙自投罗网。

因为布依龙打扮成一个普通的布依后生模样,埋伏的官兵没有发现它。

布依龙一直玩到晌午,想喝点水长点精神,就悄悄离开欢乐的人群,走向僻静的河边。到了小河边,它四顾无人,就俯下头去喝水。龙喝水可不像人,它一口就会喝干一条河。埋伏在河边的官兵发现河水一下子少了,晓得是龙在喝水,便悄悄包抄过来。这时,布依龙喝干了河水,抹一抹嘴,刚要离开河边,官兵们突然围了上来,趁它没有警觉,猛地把铁锁套在它脖子上,把它紧紧锁住。

布依龙见河水喝干了,无法潜水,只好镇静地说:"你们要干什么?""你是布依龙,我们奉命抓你。"官兵们如凶神恶煞一般,用刀枪抵住布依龙的胸口。布依龙还是很沉着:"你们有什么证据说我是布依龙?"一个官员指着干涸的河沟说:"这不是你刚刚喝干的吗?"这时,布依龙知道身份已败露,就暴吼一声,现出原形,想腾空而走。可是,脖子上套着锁龙链,无数的刀枪抵在它身上,它挣扎了一阵,浑身受了好多伤,还是逃不出去。

官兵知道龙一遇水就可以逃走,就用糍粑做成一个囚笼,把布依龙囚在里面。这糍粑不透水,干了又会变硬,关在里面根本挣不出来。官兵们把布依龙关在糍粑笼里,外面装扮成轿子,又去花坡上找来几个布依后生,说里面有贵重物品,雇他们抬。官兵们打算叫人把布依龙抬到一个僻静的地方去杀害,好消灭布依族。

这天,天热得很,大家走得很累。到了一个叫黄果树的地方,大家见这里果树成荫,凉风悠悠,就停下轿子,打算乘凉歇气。恰好这时旁边有一家布依小伙正在娶媳妇。抬轿的布依后生听了,情不自禁地哼起了布依情歌来。这歌声传进囚笼,在里面昏昏欲睡的布依龙一下子惊醒过来。它急忙问:"你们是布依人吗?"

几个抬轿子的后生大吃一惊,抬了这么多天,原来里面装的不是东西而是人,而且是布依人。他们立马用布依话回答:"我们是布依人。"布依龙说:"你们快救我!""你是哪个?""我是布依龙!"

后生们一听是布依龙,顿时惶恐起来:官家捉了布依龙,一定会害死它。杀了布依龙,布依族就危险了。他们偷偷揭开轿帘一看,里面是糍粑做的囚笼,怎么打得开呢? 他们实在想不出办法,又悄悄问:"怎样才能救你呢?"

布依龙告诉他们:"我看这糍粑已经干裂了,有些裂缝,只要你们每人含一口水喷在裂缝里,水就可以浸进来,我只要一点水,就可以出来。"

事情紧急,几个后生赶忙装作去喝水,往河边跑去。正在休息的官兵看见了,追上去怒喝道:"你们要干吗?"

后生们头也不回,边跑边说:"我们口干,到河里去喝点水。"官兵们看见他们确实是去喝水,也不再阻拦。他们喝了水,一个人含着一口水回来,趁官兵们在打瞌睡,把水朝囚笼的裂缝里喷去。

干透了的糍粑遇着了水,只听得"吱吱吱"一阵响,接着,山崩地裂一声巨响,囚笼一下子爆开,干糍粑块四下飞迸,打得乘凉睡觉的官兵们头破血流,喊爹叫娘。就在这一声巨响中,一条白银般雪亮的长龙呼啸而出,扬头舞爪,挟云裹雾,风驰电掣般冲进旁边的白水河。就在布依龙冲进白水河这一霎,它那长长的尾巴一扫,目瞪口呆的官兵们一下子被扫进白水河。这尾巴扫在河道上,就见天塌地陷、山崩岩垮,白水河宽宽的河道一下垮成陡壁悬崖，湍急的河水流到这里，就像从天而降，凌空飞泻，成了水势奔涌、吼声如雷的黄果树大瀑布。

布依龙冲进瀑布下面的河里，冲出一个巨大的深潭，这就是今天的犀牛潭。据说，布依龙至今还在潭中，每逢晴日，阳光照在瀑布上时，你就可以看见一道五彩斑斓的彩虹映在水雾之中，那就是布依龙的身影。不信你去看，那彩虹总在不断地移动，那是布依龙在翻身哩！

当然，现实中的黄果树瀑布是岩溶洞穴经过长期溶蚀、崩坍，后退造成的陡坎。白水河从峭壁上一泻而下，便形成了这座雄伟壮丽的大瀑布。

黄果树瀑布

滚滚的白水河,从70多米高的悬崖之巅陡然跌落,气势磅礴,无比壮观。瀑水跌入深潭,水石相击,轰鸣震耳。宽大的水帘形若云烟垂接,千万条白练倒悬,粗的就像支撑宫殿的巨柱,细的好似万粒珍珠,一齐坠入深潭。若是在夏天,瀑布激起的水雾,在阳光照射下化作一道五彩缤纷的长虹,飞跨山间,站在远处望去,如轻纱缭绕,忽明忽暗,幻影憧憧,那神奇美丽的景色,令人难以忘却。

除了黄果树大瀑布以外,这一带的急流飞瀑数不胜数。比较大的和著名的有螺狮滩瀑布、大树岩瀑布、陡坡瀑布、滴水滩瀑布、关脚瀑布和连天瀑布等,共18个瀑布群。其中高的达120米,宽的也超过300米。解放后,特别是近几年来,这里已经成为我国一个著名的游览胜地,吸引了无数前来领略这大自然神奇美景的中外游客。"飞流直下三千尺,疑是银河落九天。"愿黄果树瀑布雄风长在,永不枯竭。

名泉千娇百媚

在我们伟大祖国的辽阔大地上,泉水的分布十分广泛。这些泉水是怎样从很深很深的地下涌到地面上来的呢?当然,这需要有一定的条件。一般地说,泉水大多数都分布在山谷或者最低洼的地带。这一类地方,地下水丰富、充足,并且岩层的孔隙、裂缝和洞穴的出口,都和地下水相通,又低于地下水位,所以,泉水才会涓涓流出,长年不断。

我国著称于世的名泉大约有一百多处。这些泉水按照本身所含的化学成分可以分为溴泉、氡泉和碘泉等,其中以内蒙古的阿尔山矿泉、黑龙江省的五大连池最为有名。另外,还可以按着温度的高低把泉水分为沸泉、热泉、温泉、冷泉等,比如像南京的汤山温泉、北京的小汤山温泉和西安的华清池温泉、西藏的热泉等。甚至还可以按照这些泉水的医疗作用,把一些泉水分为饮疗泉和浴疗泉,像云南安宁温泉、重庆的南北温泉等。

在东岳泰山的北面,有一座“家家泉水,户户垂杨”的城市济南,济南城内的泉水之多驰名中外,号称“泉城”。人们为这些清泉的美丽所倾倒,并且为它们取了各式各样动听的名称。像珍珠泉、九女泉、黑虎泉、趵突泉、金线泉等等。这些泉水,犹如天女散花,给济南城增添了无数奇景。有的像仙女梳妆,有的像浮雪堆玉;有的似珍珠翠玉,金钱游移,有的如“银瓶乍破水浆迸”,虎啸深溪;有的则像“幽咽泉流水下滩”,琵琶玲琮。在这多达 72 处的清泉中,趵突泉犹如一朵银色的花瓣,盛开在众泉之中。它水质清纯甘甜,喷涌的水花常常高达 1 米。所以,被清朝的乾隆皇帝封为“天下第一泉”。

趵突泉

　　但是，也不知是哪一天，这位乾隆皇帝游兴大发，又来到了北京的玉泉山麓。他看到有一股山泉从山间石隙溢出后，在艳阳光照之下，水卷银花，就像是一道玉虹。皇帝非常高兴，马上命大臣赴全国各地广采天下名泉水样，和玉泉山的泉水进行比较，结果发现玉泉山的泉水比天下其他名泉的水分量要轻。因此证明了这里的泉水含杂质最少，最适于皇宫饮用，所以，乾隆皇帝欣然提笔，写下了"玉泉垂虹"4 个大字，也封它为"天下第一泉"。这样，天下就有两个"第一泉"了。

　　其实，在祖国的大地上，另外还有两个"天下第一泉"。一个叫谷帘泉，位于江西省庐山的大汉阳峰。谷帘泉水清冷甘美，用它来沏茶，别有一番风味，令历代到这里游览过的名人难以忘怀，因而，谷帘泉也被人们誉为"天下第一泉"。

　　另一个叫做中冷泉，又称南零水。中冷泉原来位于长江的中心地带，那儿漩涡四起，水势又深又险，人们只能望江兴叹。后来，江中的沙土逐渐淤积，使得中冷泉所在地与长江南岸的陆地相接，才使人们得以大饱眼福。到了唐朝，人们在中冷泉周围建起了石栏，搭起了亭楼。泉水从泉眼中不断涌出，就好似一条小白龙在戏水玩耍，情趣盎然。被誉为茶圣的唐代名人陆羽品尝了这儿的泉水之后，赞不绝口，称它为"天下第一泉"。

那么,上面这4个"天下第一泉",到底哪一个是真正的天下第一呢?对于这个问题,我恐怕只能做出这样的回答:这四处名泉,当年各自的风采不同,迷人的魅力各异,所以,人们很难区分出谁究竟更胜谁一筹。

可惜的是,这4个名泉中,如今已经有一个干涸了。它就是北京玉泉山的玉泉。玉泉的出水量原来是很大的。过去,人们曾形容它像"喷雪",乳白色的水花不停地向外翻滚,说明这是一个天然喷水泉。在1963年前后,玉泉泉眼的涌水量还有1.9立方米/秒,流水潺潺,音不绝耳。但是,时至今日,玉泉已没有了当年的景色,不要说清泉喷涌,就连小量的渗水也见不到了。

玉泉由大变小、由小变干的原因主要是人为造成的。长期以来,人们对于水资源的开发和利用缺乏统一管理和计划。比如北京的地下水,每年开采量在二十六亿多立方米,这个开采量约占北京全市总用水量的百分之七十左右,而自然降水每年给地下水的补充量,却远远地低于这个开采量。这样,就造成了北京市的地下水每年要超采几亿立方米。结果,使地下水的水位每年以一米的速度持续下降。

玉泉的枯竭已经向人们敲响了警钟,人类要想在地球上继续生存下去,就必须有计划地、合理地开发和利用水资源。节水意识从现在起就要加强。

上面,我们了解了一些名泉的情况,这些泉水的观赏性和实用性大体上都具有一致性。除了这些名泉之外,我国还有许多奇泉。像四川的城口县山区,在河流两岸的峡谷岩壁上,有着许多大大小小的岩洞,每当春天来临的时候,就会有数不清的鱼儿随着汩汩的清泉自岩洞中流出,每年可涌出上万斤一斤以上的大小鱼儿。所以,人们把这个泉叫作鱼泉。

在四川省的广元县,还有一个怪泉,人们都管它叫作含羞泉。假如你将石块投进泉水中,泉水便会随着响声慢慢地缩回去,就好像一个小姑娘见了生人怕羞似的躲藏起来。不过,你别担心,过不了一会儿,这泉水就又慢慢地涌出来。你如果再扔，它还会再缩。

然而，最神奇的还是要数黑龙江省德都县的药泉了。药泉位于著名的五大连池一带，包括青石泉、洗眼泉、翻花泉、二龙泉、南泉和北泉等。这是一群蜚声中外的碳酸盐泉，泉水里含有钼、钒、锰、钛、铅、锡、锂、钴、锶、铜、锌等化学元素多达二十余种。人们饮上一口药泉，甘美中稍带酸辣，令人心旷神怡。这些药泉对皮肤病、胃肠和神经系统的慢性病有着特殊的疗效，对治疗脑血栓塞、脉管炎等病也有功效。现在，在药泉的周围，已经建立了六十多所疗养院，并且成为了一个集游览、避暑为一体的旅游胜地。

说起药泉来，其间也有一个神奇的传说故事。

据说，在古代，五大连池周围居住着靠打猎为生的达斡尔族。勤劳勇敢的达斡尔人不分男女老幼，骑马射箭的本领都很高超。

有一次，一位达斡尔猎人射伤了一只梅花鹿，那鹿身上带着箭，伤口淌着血，逃到了一洼泉水边倒下了。正值它奄奄待毙时，干渴的嘴巴正好浸在了甘甜的泉水中。于是乎，这头不幸的鹿顿时倦消痛除，箭伤不治自愈。只见它站起身来，抖掉箭矢，不等猎人来到跟前，就飞也似地跑得无影无踪了。这意料不到的结果，使得随即赶来的猎人百思不得其解。正在纳闷之际，他的目光停在了那汪清泉上。于是他想，难道是这泉水救了梅花鹿的命吗？他舔了舔干裂的嘴唇，不由自主地蹲下身，用双手捧起泉水喝了起来。没想到，这清凉的泉水一落肚，就像灵丹妙药一样，立刻使他精神振奋，满身的疲劳一扫而光。猎人高兴极了，顾不上再去追赶那头梅花鹿了。他飞快地赶回了家，把他在途中所遇到的奇事，告诉了人们。从此，那洼神泉的名声也就传开了。人们纷纷涌到泉边，沐浴的沐浴，治病的治病，并且给这片泉水取名为"药泉"。

泉水，是人类共有的自然资源。现在，泉水已经在酿酒、饮料和医疗、旅游等方面大显身手。让我们共同来保护泉水，让它们永远滋润祖国的大地，让它们永远为人类服务。

雄伟的天安门

雄伟壮丽的天安门，是全中国人民最向往的地方。每当人们来到祖国的首都北京，总要到天安门前瞻仰，在广场上留连。

天安门

现在的天安门，已经成为我们伟大祖国的象征。它那庄严、壮丽的形象不但镌刻在祖国的国徽上，也深深铭记在亿万人民的心中。

天安门位于北京城的中轴线上，它已经在这里矗立了五百多年了。这座建筑物始建于明朝的永乐年间，当时定名为承天门，1651 年重新改建，定名为天安门，一直沿用到今天。

天安门的总高度为 33.7 米，下面是汉白玉石须弥座，上建高大的砖石城台，城台有 5 个门洞，中间的一个最大，过去，这个门洞只有皇帝才能通行，平民百姓是不能靠近这里的。在城台的上面就是天安门城楼了，天安门城楼宽 9 间,进深 5 间。表示封建帝王的"九五之尊"。在天安门内外,矗立着浑圆的汉白玉华表各一对,在华表的上边,蹲立着一种名叫犼的石兽,石柱上面,还雕刻着神态栩栩如生的云龙。在门外两旁蹲着一对石狮,左边的雄狮在戏耍着绣球,右边的雌狮抚摸着幼狮,造型十分生动。天安门的前面有一条河,名叫金水河,河上跨着 5 座汉白玉石桥,桥栏杆雕饰着各种精致的图案和花纹。天安门的布局是一个完整的艺术杰作,它的形象端庄、俊秀、雄伟、壮丽,和广场上面的其他建筑物互相映衬,更显得气度非凡。

　　在明代和清代,天安门是封建帝王颁发诏令的地方,每逢隆重典礼,皇帝及皇室成员都要从天安门出入。新中国成立以前,由天安门往南有一座砖石结构的大门,明朝时,这座大门叫"大明门",清朝时叫"大清门",民国后改名为"中华门",解放以后,这座门被拆掉了。在天安门左右两旁不远处的街道上,很早很早以前还各有一座砖石结构的门,东面的叫长安左门,西边的叫长安右门,在这三门之间,曾经筑起过一道道高墙厚壁,并且由戒备森严的皇宫禁军把守,把天安门广场和外界隔离开来,使广场完全成了有权有势的达官贵人出入的地方。清朝的时候,一些有钱有权的政府衙门,比如吏部、户部等等,都坐落在广场的东边。所以,人们总习惯把东边称为富贵街。而一些司法机构,像刑部、大理寺等衙门,大都集中在广场的西面,人们就常把西边称为刑部街。那个时候,老百姓用"东边掌生,西边掌死"来形容天安门广场东西两边的景象。今天,当我们在这里悠闲地漫步的时候,已经很难想象到封建时代广场两边都是掌握人民生死大权的地方了。

　　天安门,是一座饱览中国近代风云的建筑物。早在 1644 年,明末农民革命领袖闯王李自成就率领农民起义大军,从天安门长驱直入,打进皇宫,推翻了明王朝的腐败统治。

　　近百年来,由于清朝后期的腐朽没落,天安门曾遭到外国侵略者的野蛮践踏。1900 年,英国、法国等 8 个帝国主义国家打进北京时,炮击天安门,打坏了城楼的屋脊和门前的华表。

1919年5月4日,几千名爱国学生,高举反帝反封建的大旗,在天安门前集会,高呼"反对二十一条"、"反对巴黎和约"、"外争国权"、"内惩国贼"等口号,形成了反帝反封建的洪流。这就是我国历史上著名的"五四"运动,这场运动成为我国新民主主义革命的伟大开端。1925年,5万多人在天安门前举行了游行示威,强烈抗议帝国主义屠杀中国人民,制造"五卅"惨案的罪行。第二年的3月18日,为了反对日本帝国主义和段祺瑞军阀政府的卖国政策,北京的学生和市民在天安门前又一次举行了游行示威。1935年12月9日,在这里爆发了著名的"一二·九"运动,推动了全国人民的抗日斗争。1947年5月,北京的学生又在此举行了著名的"反饥饿、反内战、反迫害"大示威,给国民党反动派的腐朽统治又一次致命的打击,为迎接解放战争的胜利起了动员作用。

但是,在新中国建立以前,天安门是帝国主义、封建军阀和国民党反动派统治的象征。随着这些腐败政权的朝不保夕的境况,天安门也日益荒凉颓败,广场上杂草丛生、瓦砾遍地。

1949年10月1日,中国人民的伟大领袖毛泽东主席登上了天安门城楼,揭开了中国历史的新的一页。这一天,晴空万里,天安门广场人潮涌动,彩旗飘扬。毛主席站在天安门上,向全国和全世界庄严宣告:中华人民共和国诞生了! 中国人民从此站起来了! 在万众欢腾和隆隆的礼炮声中,天安门广场的上空升起了第一面五星红旗。

古老的天安门恢复了青春。人民政府对天安门广场进行了大规模的整修和扩建。拆除了东、西、南三面的高墙,将整个广场铺上了混凝土方砖。至此,修缮一新的天安门城楼,显得更加雄伟,更加壮丽了。随着1958年人民英雄纪念碑的落成和1959年人民大会堂、中国革命博物馆与历史博物馆的完工,天安门广场的面积也由原来的十几万平方米扩大到现在的四十多万平方米,成为世界上最大的广场。

在天安门下,金水桥和天安门广场之间,有一条宽敞笔直的大街,这就是中外闻名的长安街。长安街分为东长安街和西长安街,各以东单和西单为界,并分别与建国门内大街和复兴门内大街相接,当你站在长安街上,无论朝东西哪一个方向极目眺望,都会看见如水如龙的车流,通往遥远无垠的天边。事实上,长安街正是通过无数大路小路的网络,连接着我们祖国的每一座城乡市镇,也连接着全世界五大洲的山水田野。

当你漫步在长安街上,不仅会感觉到这条街与伟大祖国和世界风云息息相关,而且还仿佛置身于历史的长河之中:长安街北侧的紫禁城,见证了多少代帝王的盛衰,长安街南侧的历史博物馆、人民大会堂则意味着承前启后,继往开来;在这条长街上,既留有帝国主义侵略的蹄印履痕,也回荡着中华民族不屈的抗争呐喊和毛泽东主席庄严宣告"中国人民站起来了"的洪亮嗓音与人民胜利的欢呼。

今天,这条街上过往的车流、人群,不论走向什么地方,全都在为建设一个强大的社会主义中国而奔忙。而长安街本身的变迁,就仿佛是一部近代历史的缩影。

现在的长安街在元朝的时候,只是南城墙的墙基。明朝建立、朱元璋登基后定都应天(南京),拆除了元代北京的宫禁和皇城,一直到明成祖朱棣重建北京,把城墙向南推进到今日的前门、崇文门和宣武门一线,才在新建的承天门(天安门的旧称)前、元朝大都的南墙旧址上开辟了一条被称为"天街"的土路。这条土路,普通百姓也是不能通行的,只有在科举考试中中了状元的读书人,才有资格骑着马披红戴花地从承天门出来,在这条路上游行,替皇家显示恩威。

在东、西长安街上,原来还分布着明、清两代的许多官署,但是这些官署大多数都在 1900 年被八国联军所破坏。1911 年辛亥革命以后,已经铺上了石板的这条街才变成一线贯通的大道,不过,路面的宽度仅有 7 米。到了北洋政府时期,长安街改为柏油路,路面也展宽到了 25 米。从那时候开始,街上有了有轨电车,这种状况一直保持到了建国以后。

1952 年 8 月,北京市人民政府为了改善日见拥挤的交通,决定将东、西长安门拆除。1954年12月，又把东单和西单两座牌楼迁移到了陶然亭。1959年以后，随着城市建设的发展，高层建筑不断在长安街两侧崛起，才形成今天这样气势磅礴的大道。

如今的长安街，主干道宽60至80米，最宽处达100米，两旁种植着成行的白杨、青松、榆树、垂柳，构成了15米宽的林荫道，专供行人行走。实际上，长安街现在已延长为东到通县八里庄、西至石景山，全长38千米的一条笔直的大道。

长安街的两旁，有着许多国家机关和文化、服务设施。从天安门往东到台基厂北口，南侧可以看到历史博物馆、公安部、轻工业部、纺织工业部等。轻工业部就建在被八国联军拆毁了的清代翰林院的旧址上。这一段路的北侧，有北京饭店的一组建筑群，其中包括分别落成于1917年、1954年和1974年的3幢楼。目前，向西延伸的北京饭店最新楼已经落成，并为雄伟壮观的长安街又增添了几分风采。

从全市商业最繁华的王府井南口往东，北侧，在被八国联军铲平的东单头条旧址上，建国后修起了儿童电影院、青年艺术剧院和东单邮局，沿街是一个点缀着假山、花木、可供路人休息的高台。南侧，可以看到对外贸易部和清雅幽静的东单公园。

从天安门广场往西，你会首先看到宏伟的人民大会堂。坐落在路北的北京市第二十八中学的原址，是清代皇家剧团的所在地"升平署"。由此往前就是万众瞩目的新华门了。新华门最早叫宝月楼，又叫望乡楼，据说是清朝乾隆皇帝为安慰香妃的思乡之情而修筑的。窃国大盗袁世凯当大总统的时候，改称今天的名称。解放后，这里是中国共产党中央委员会的办公地点。沿着新华门再往西行，耸立着一座电报大楼，楼顶的时钟定时敲响，似乎在催促人们"只争朝夕"。与此同时，著名的鸿宾楼饭庄和长安大戏院会映入你的眼帘。到了这里，你就算到了北京的又一个繁华的商业和交通中心——西单了。

北京西单

到了夜里，整条长安街华灯齐明，光明的珠串望不到尽头，这灯光映照着的宽阔路面，会把你的思绪带到很远、很远。

清晨，当西长安街上的电报大楼的钟声响起《东方红》的报时乐声时，从西长安街向东方远望，一轮硕大的红日映着艳丽的朝霞，把天安门衬托得更加壮丽。国旗班的战士，在致敬礼中将五星红旗冉冉升起，高高飘扬在天安门广场之上。这般景象，象征着我们彩色的中国，朝气蓬勃，前程似锦。

地下陵寝——秦始皇陵

秦 始皇陵,是中国历史上第一位皇帝——秦始皇嬴政的陵墓,是世界第八大奇迹,世界文化遗产,国家重点文物保护单位。秦始皇陵位于陕西省西安市临潼区骊山脚下。据史书记载,秦始皇嬴政从 13 岁即位时就开始营建陵园,由丞相李斯主持规划设计,大将章邯监工,修筑时间长达 38 年,工程之浩大、气魄之宏伟,创历代封建统治者奢侈厚葬之先例。

秦始皇陵

秦始皇陵坐落在风景秀丽的骊山北麓,西临游览胜地华清池。人们登上陵冢北望,可看见如练的渭水同南岸那条通往关东的古道平行,飘然东去。秦始皇陵选建的地点依山傍水，虎踞龙盘，更增加了这座帝王陵的高大雄浑的气势。

　　陵园按照秦始皇死后照样享受荣华富贵的原则，仿照秦国都城咸阳布局建造，大体呈回字形，陵墓周围筑有内外两重城垣，陵园内城垣周长3870米，外城垣周长6210米，陵区内目前探明的大型地面建筑为寝殿、便殿、园寺吏舍等遗址。据史载，秦始皇陵陵区分陵园区和从葬区两部分。陵园占地近8平方千米，建外、内城两重，封土呈四方锥形。秦始皇陵的封土形成了三级阶梯状呈覆斗，底部近似方型，底面积约25万平方米，高115米，但由于经历两千多年的风雨侵蚀和人为破坏，现封土底面积约为12万平方米，高度为87米。整座陵区总面积为56.25平方千米。

　　陵园的南部有一个土冢，高43米。筑有内外两道夯土城墙。内城周长3890米，外城周长6249米，分别象征皇城和宫城。在内城和外城之间，考古工作者发现了葬马坑、陶俑坑、珍禽异兽坑，以及陵外的人殉坑、马厩坑、刑徒坑和修陵人员的墓室。已发现的墓坑有400多座。

　　从已发掘的秦始皇陵遗迹看，秦始皇似乎要把生前的宫室、山河及其他一些宝物都带到地下世界去，而要实现这一点，非建造广阔的墓室难以如愿。据《史记·秦始皇本纪》记载："大事毕，已藏，闭中羡，下外羡门，尽闭工匠藏者，无复出者。"这里，既提到中羡门、外羡门，想必肯定有内羡门。这似乎表明地宫中有通往主墓的通道，工匠只能闭在中羡门以外的地方，内羡门以内才是秦始皇棺木置放之地，至于墓道之长也就可想而知。

　　另外，颇让人匪夷所思的是，陵墓的朝向为坐西向东。众所周知，我国古代以坐北朝南为尊，历代帝王的陵墓基本上都是坐北朝南，那么秦始皇为什么独出心裁，坐西向东呢？

　　有人认为，秦始皇生前派遣徐福东渡黄海，寻觅蓬莱、瀛洲诸仙境，自己念念不忘成仙得道，长生不老。可惜徐福一去杳无音讯，秦始皇亲临仙境的愿望终成泡影。生前得不到长生之药，死后也要面朝东方，以求神仙引渡而到达天国，这大概就是秦始皇陵坐西向东的原因吧。

也有人认为，秦国地处西部，为了彰显自己征服东方六国的野心，秦王嬴政初建东向的陵墓。并吞六国之后，为了使自己死后仍能注视着东方六国，始皇帝矢志不改陵墓的设计建造初衷，仍然是东西朝向。

秦始皇陵地宫布局

还有人认为，秦始皇陵坐西向东，与秦汉之际的礼仪风俗有关。根据有关文献记载，当时从皇帝、诸侯到上将军，乃至普通士大夫家庭，主人之位皆坐西向东。秦始皇天下独尊，为了保持"尊位"，陵墓的朝向自然与此有关。

还有一些学者从秦人起源于东方的角度来解释，他们认为东方是秦人祖先曾经劳动、生活过的地方，他们对东方怀有特殊的感情，然而东西阻隔，路途遥远，其间又强敌林立，"叶落归根"的希望非常渺茫，因而采用朝向东方的葬式,以示不忘根本。相反,坚持秦人起源于西方的学者认为,秦人采用"头朝西方"的葬俗,是想彰显他们来自中国西部。

还有一些文化学与民俗学的研究者提出了更新的观点,认为秦人流行的西首而葬之俗和他们曾流行过的"屈肢葬"一样,与甘肃地区的古代文化或某种原始宗教信仰有关。比如"白马藏人"对本民族盛行的西首葬的解释是,日落归西,人亦随太阳走。也许,秦人对他们的葬式,也有本民族特有的解释。

说法五花八门,到底哪个观点是对的,无法定论。

那么秦始皇为什么把陵墓修建在骊山呢?骊山以它特有的温泉和风景而闻名于世。西周末年的周幽王与爱妾褒姒曾在这里演出了一场烽火戏诸侯的历史悲剧,从而葬送了西周王朝。

相传秦始皇生前在骊山与神女相遇,游览当中欲戏神女,神女盛怒之下,朝他脸上唾了一口,秦始皇很快就长了一身的烂疮。虽然这是一个神话故事,但可以看出秦始皇与骊山似乎有些缘分。他的墓地也选在骊山之旁。秦始皇为什么特别迷恋骊山这块风水宝地呢?

古人把墓地的选择看作是一件造福于子孙后代的大事,尤其像秦始皇这个企图传位于万世的封建帝王自然对墓地的位置更加重视。他之所以要安葬在骊山之阿,据北魏时期的郦道元解释:"秦始皇大兴厚葬,营建冢圹于骊戎之山,一名蓝田,其阴多金,其阳多美玉,始皇贪其美名,因而葬焉。"郦道元的观点受到学术界多数学者的肯定。不过也有学者提出过异议,持否定意见的一方认为,秦始皇陵选在骊山之阿一是取决于当时的礼制,二是受"依山造陵"传统观念的影响。现在从风水角度来看,秦始皇陵不失为一块理想的风水宝地。

早在春秋战国时期已兴起了依山造陵的观念。后来人们选择墓地又特别重视依山傍水的地理环境。依山傍水被古人视作最佳风水宝地,应该说秦始皇陵是"依山傍水"造陵的典范。秦始皇陵南依骊山,北临渭水,这是大家有目共睹的事实。

然而,在秦始皇陵的东侧也有一道人工改造的鱼池水。鱼池水原来出自骊山东北,水由南向北流。后来修建秦始皇陵时,在陵园西南侧修筑了一条东西向的大坝,坝长1000余米,一般宽40多米,最宽处达70余米,残高2~8米,它就是人们通常所说的五岭遗址。正是这条大坝将原来出自骊山东北的鱼池水改为西北流,绕秦始皇陵东北而过。此外,在陵园东侧,有日夜不息的温泉水经过。据《水经注》记载:"在鱼池水西南有温泉水,世以疗疾。"《三秦记》曰:"骊山西北有温泉。"可见当年的温泉与西北的鱼池水相对应。由此不难发现秦始皇陵的风水特点是:南面背山,东西两侧和北面形成三面环水之势。"依山环水"不正是秦始皇陵特意选择的风水宝地吗?

秦代"依山环水"的造陵观念,对后代建陵产生了深远的影响。西汉帝陵如高祖长陵、文帝霸陵、景帝阳陵、武帝茂陵等就是仿效秦始皇陵"依山环水"的风水思想选择的。以后历代陵墓基本上继承了这一建陵思想。

秦始皇陵是中国第一座皇家陵园,在中国近百座帝王陵墓中,以其规模宏大,埋藏丰富著称于世。陵园以封土堆为中心,四周陪葬分布众多,内涵丰富、规模空前,除闻名遐迩的兵马俑陪葬坑、铜车马坑之外,又新发现了大型石质铠甲坑、百戏俑坑、文官俑坑以及培葬墓等600余处,数十年来秦陵考古工作中出土的文物多达10万余件。

秦始皇兵马俑从葬坑是陕西省临潼县晏寨公社西杨村的农民在打井时发现的,时值1974年春天。随后陕西考古队开赴现场,经过几年的努力,发掘工作获得成功。

兵马俑从葬坑位于秦始皇陵园东1000米处,是一组模拟军事序列的兵马俑坑。当年将这组兵马葬于此处,显然是出于护卫陵墓地下建筑群的考虑。

秦始皇陵铜车马

发掘中共发现了放置兵俑和马车的三个从葬坑:南边一个(一号坑),北边两个(二号、三号坑)。坑内的兵俑和马车均坐西面东。

从那些出土的兵马俑的安置,我们可以看出劳动人民的聪明才智。2000多年前,古代的建筑技术还不能解决无柱的大跨度屋架结构。但又要按军事序列安排数以千计的同真人真马等高的陶俑群,所以聪明的设计者便想出挖坑放俑的办法。这些坑深入到地面以下5~7米,由一道道东西向的承重墙把大坑隔开。

出土的陶质武士俑是按秦军的将士形象而塑造的艺术品。从这些武士俑穿的战服看有两种,一种是身穿战袍的袍俑,另一种是袍外披甲的甲俑。他们都手执利器,身高在1.75~1.97米,显然是些经过严格挑选和训练有素的赳赳武夫。

出土的陶马身高多在1.5米,体长2米,膘肥体壮,和真马一样大小。据推算(二号、三号坑尚未完全挖掘),这三个坑里的兵马俑,包括有步兵、车兵、骑兵等陶俑近万件；车马 500 余匹；木质战车 130 余辆。这些全副武装的武士或驱车策马，或挽弓擎弩，组成了庞大的队伍。

三个坑的兵马俑，分兵种排列，有严格的次序，布局也不相同。

秦始皇陵兵马俑

第一号俑坑有兵马俑近 6000 左右，分横队和纵队排列。坑的东侧站有三路，每路 68 个手执弓弩、背负鞴（装弓箭的袋子）矢的兵俑，他们排成横队，威然肃立。他们使用的是弓和弩等远程兵器，身着轻装战服，显然是这支庞大队伍中的先锋部队，共 204 人。然后是由 40 多辆战车和手持长兵器的兵俑组成的队伍，这是由辚辚车马和虎虎武士组成的拼刺格斗的作战主体。另外，在这强大的横队和纵队的两侧及后部，又各有一列分别面向南、北、西三方的弓弩俑，500 多个弓弩俑组成两翼和后卫部队，以防备敌人拦腰截击和包抄，保证主力作战行动。

秦兵马俑的这种布阵方式，和秦朝作战布阵的方法相同。由此可见，兵马俑完全是模仿秦朝地面部队的一支声势浩大的"地下武装"。

第二号俑坑里发现的是按不同格局排列的兵马俑。有兵俑作战队形;有战车和身着盔甲的甲俑组成的作战队形;还有骑兵部队。人们判断二号俑坑是由步、弩、车、骑四个兵种穿插而成的混编部队,近似当代的各军兵种协同作战所摆开的誓师队伍。这个坑中的兵俑分别持有不同的兵器,有弓、弩、戈、矛、戟、钺、剑等。这些不同兵器,又组成了古代兵器的荟萃展览。

第三号俑坑正面停放着一辆华盖乘车,车后有 4 个戴长冠的甲俑。东北两个侧室分别布有 64 个侍卫甲俑。人们判断这是秦俑军事阵列的指挥车。

秦始皇陵兵马俑的发掘,使华夏大地又多了一处奇异的景观,其壮阔的场面令人惊叹。每一个兵马俑,都是古代劳动者创造的难得的陶塑艺术品。

陶塑是一种造形艺术的手段。其方法是先用黄泥塑造出具体的艺术形象,再经窑烧而成。秦俑的塑制大概经过了四个步骤,即泥塑、窑烧、绘彩、组装。值得称道的是,在 2000 多年前,秦代的劳动人民的陶塑技艺就达到了很高的水平。他们塑造的陶俑体格魁伟,比例匀称,逼真生动。

秦俑坑是秦军当年兵强马壮,驰骋疆场,征服六国,削平群雄,统一中国的壮丽场景的再现。人们在一号坑边肃立,仿佛能听到从古代传来的古战场的嘶喊与拼杀声。

秦始皇陵是一座充满诱惑力和神秘色彩的地下宫殿,在两千多年的历史长河中,盗墓行径历来猖獗,秦始皇陵地宫中那数不清的奇珍异宝,还能保存完好吗?

历代皇帝在为自己修建陵墓时,都会想到防盗问题,并在这个问题上煞费苦心,秦始皇也不例外。秦二世胡亥要杀害所有建造陵墓的工匠、刑徒,就是因为他们对地宫构造太熟悉了,杀了他们以绝后患。秦始皇地宫以水银为"江河大海",这除了象征气势恢弘的大自然景观外,主要目的还是为了防盗。因为水银(汞)在常温下极易挥发,而其本身是剧毒类药物,人一旦吸入高浓度汞气,即可导致精神失常、肌肉震颤而瘫痪,以致死亡。在秦始皇陵的墓门内、通道口等处还安置了"机弩矢",这是一种触发性的武器,一旦有盗墓者进入墓穴,就会被这些暗箭射死。

秦始皇陵地宫这么森严恐怖的防盗措施,是否就吓倒了盗墓者呢?千百年来,无论是官方还是民间,都一直流传着秦始皇陵被几番盗掘的事。其中主要的有:牧羊儿火烧地宫棺椁、项羽挖掘秦始皇冢私取财物以及五胡十六国时期后赵国君石虎、唐末农民起义领袖黄巢破坏皇陵。

牧羊儿火烧地宫棺椁的说法出自《汉书·楚元王传》,大意是说一个牧羊的小孩在秦陵一带牧羊,其中有几只羊掉入地洞中,牧羊儿打着火把到地洞中去寻找羊,不料越走越深,看不到底,因为他走进了秦始皇陵的地宫。最后火把失火,洞内燃烧,竟把秦始皇的棺椁点燃了,洞内所有的奇珍异宝也在大火中消失。有专家认为,这种传说缺乏最基本的常识,牧羊儿单凭一支火把照明就能独自钻入地宫,烧掉了埋藏在地下数十米的棺椁?何况地宫之内严重缺氧,水银弥漫,不等牧羊儿接近棺椁也许就一命呜呼了。

项羽挖掘秦始皇陵的说法是后世学者根据《史记·高祖本纪》的记载推测的。项羽、刘邦在广陵(今荥阳东北)对峙时期,刘邦为争取道义上的优势,曾历数项羽十大罪状,其四是:"项羽烧秦宫室,掘始皇帝冢,私收其财物。"而《水经注》又记载有:"项羽入关发之(始皇陵),以三十万人,三十日运物不能穷。"《汉书》也有类似的记载。《纲鉴易知录》也说:项羽"引兵西,屠咸阳……掘始皇帝冢。"有专家因此认定项羽掘了秦始皇陵。虽然记载言之凿凿,似乎项羽掘秦始皇陵已成定论,但是凭心细想,这些记载也颇有可疑之处:刘邦、项羽是敌手,罗织罪名本不需要真凭实据。文人爱夸饰,据刘邦之言而作注难免有捕风捉影之虞。以《水经注》的记载而言,陵墓里到底有多少东西,要30万人用一个月还不能运完? 这明显带有夸张的色彩。《史记》、《汉书》言及项羽掘墓时尽是虚处着笔,而并未在《秦始皇本纪》《项羽本纪》《高祖本纪》《高帝纪》等处坐实,这也显示了司马迁和班固严谨的治史态度。

20世纪70年代,随着秦陵兵马俑等物器的出土,考古学家对秦始皇陵的土质进行了测量。化验结果表明,地宫中心土质的汞含量高于一般情况下土质的280余倍,分布面积达12000平方米。这种汞含量是人工灌溉的水银挥发凝结而成的,完全符合《史记》中"以水银为百川江河大海"、《汉书》中"水银为江海"的记载。另外,秦陵出土的一批铜车马精致美观,车上大量金银饰件完整无缺,不像是遭到过严重的破坏。这些新的发现,都预示着秦始皇陵仍是一座沉寂在地下并未被开掘出来的巨大宝库。

根据现在对秦始皇陵状况的研究,人们倾向于认为,项羽、黄巢等人最多也只是对皇陵的地面景观进行过破坏,他们当时没有能力也确实没有对秦始皇陵地表下的地宫造成破坏,因此,秦始皇陵可能是保存完好的古代帝王的最恢弘的陵墓。

随着兵马俑和彩绘铜马车的发现,人们对秦始皇陵的关注与日俱增。不少人都发出疑问,为什么不发掘秦始皇陵,使丰饶的宝藏重见天日,使无价之宝重放异彩?

这是因为秦始皇陵的地宫结构复杂,许多情况至今没有弄清,而且有许多技术问题目前尚不能解决,如果仓促发掘,会造成严重破坏。

据现代勘测资料表明,秦始皇陵分为地面上的巨大封土和封土下的地宫两大部分。封土是经人工夯筑的,现高46米,底边南北长350米,东西宽345米,地宫上穴南北长515米,东西宽485米,总面积达249755平方米。地宫四周均有 4 米厚的宫墙,宫墙用青砖包砌起来,并且在地宫东、西、北三面发现了若干个门道。秦始皇陵究竟有多深?目前考古学家只钻探到 26 米,仍然是夯土层。要发掘这样规模巨大的地下陵墓,必须先要修建一个长、宽各 600 米的顶棚,若不建顶棚以防雨、防晒、防风,地下建筑则难以完美保全。建这样的大棚,目前国内的技术力量还达不到。

另外,秦始皇陵地下水位高,距地表 16 米就见水,而大量的建筑都在 16 米以下,如果发掘时没有大型的抽水、排水设施,就会使整个地下宫殿被水淹没。

客观而言,发掘或许还并不十分困难,最难的应该说还是对发掘文物的保护技术和保护水平的问题。对秦陵兵马俑及一些汉墓的发掘过程中暴露出一个很明显的问题,就是陶罐、陶人上面那些彩绘,发掘出来不久后就会淡化甚至消失。而如果发掘秦始皇陵,在地宫里会出现什么样的文物,尤其是有机质文物的保护难度非常高。挖开那么大一个坑,不可能一下子在瞬间就隔绝空气,做到恒温恒湿隔氧,即使有几分钟的误差,也会对文物造成致命的破坏。

所以,在现在发掘条件并不成熟的情况下,宁可让秦始皇陵地宫中的宝藏依然埋在地底深处。也就是说,在没有完全掌握文物的保护技术之前,绝不会对秦始皇陵墓进行发掘。因为里面的文物已被埋了 2000 年了,已经形成了平衡状态,变化非常小。突然发掘,就打破了这一平衡状态,文物接触氧和其他气体以后,很快就会发生变化。这种变化对于有些文物来讲是无法控制的。

秦始皇陵在 20 世纪 80 年代即被联合国教科文组织列为世界文化遗产。还是让它存在,供人参观,遥想千古一帝秦始皇统一中国时的"虎视何雄哉"的气魄吧!

宫殿建筑群——故宫

一提起皇宫，人们首先就会想到北京的故宫。其实，故宫就是故国的皇宫。凡是封建王朝遗存下来的宫殿，都可以叫故宫，只不过北京的故宫规模最大，保存得最完好，名气也最响亮罢了。

除了北京的故宫，南京还有明代的故宫。明成祖朱棣迁都北京后，按照南京皇宫的式样和规模，建起了新的宫殿，所以北京的故宫基本上就是南京故宫的复制品。可惜的是，南京明故宫毁于战火，如今只剩下一些残存的石雕和建筑物的地基等。沈阳也有一座故宫。清朝入关前，它是太祖努尔哈赤和皇太极的皇宫；清政权迁都北京后，这里成了"陪都宫殿"。

此外，历代封建王朝所建宫殿甚多，但如今大多只剩下遗迹，仅供后人凭吊而已。

北京的故宫是明清两代的皇宫，始建于明永乐四年（1406年），完成于永乐十八年（1420年）。自1420年明朝第三代永乐皇帝朱棣迁都于此，先后有24位皇帝（明朝14位，清朝10位）在这座宫城里统治中国将近500年之久。皇帝办公、居住之所，自然规模宏大，气势磅礴，金碧辉煌。时至今日，这里不仅在中国，在世界上也是规模最大、保存最为完整的古代皇家宫殿建筑群。由于这里是帝王之家，中国古代建筑艺术中最优秀和最独特的部分都在这里得到集中的体现，所以它成为中国建筑史上的经典之作，1987年被联合国教科文组织评定为世界文化遗产。

故宫原名紫禁城，共有宫殿9000多间，都是木结构、黄琉璃瓦顶、青白石底座，饰以金碧辉煌的彩画。故宫是一组红墙黄瓦的建筑群，宫殿、宫门上的匾额都是用汉文书写的。到了清代，皇帝是满族，就把满文定成了国文，并在全国通用。顺治皇帝住进紫禁城以后，便把皇宫中所有宫殿、宫门上的匾额都改成用汉满两种文字并列书写，少数匾额上还有蒙文，一般是满文在左，汉文在右，这是由于人们习惯上都以左为上，右为下。后来袁世凯把外朝所有宫殿、宫门匾额上的满文都去掉了。

　　故宫中的宫殿是沿着一条南北向中轴线排列的，并向两旁展开，南北取直，左右对称。这条中轴线不仅贯穿在故宫内，而且南达永定门，北到鼓楼、钟楼，贯穿了整个城市，气魄宏伟，规划严整，极为壮观。建筑学家们认为故宫的设计与建筑实在是一个无与伦比的杰作，它的平面布局、立体效果，以及形式上的雄伟、堂皇、庄严、和谐，都可以说是世界上罕见的。

故宫外景

故宫面呈长方形，南北长 961 米，东西宽 753 米，占地面积 72 万多平方米。城墙环绕,周长 3428 米,城墙高 7.9 米、底部宽 8.62 米,上部宽 6.66 米。城墙四角各有一座结构精巧的角楼。城外有一条宽 52 米、长 3800 米的护城河环绕,构成完整的防卫系统。宫城辟有"四门":南有午门,为故宫正门;北有神武门(玄武门);东面东华门;西为西华门。

故宫主要分为外朝和内廷两部分:外朝以太和、中和、保和三大殿为中心,文华、武英两殿为两翼;内廷有乾清宫、交泰殿、坤宁宫、御花园及两侧分列的东西六宫。外朝建筑高大森严,显示着皇权的至高无上;内廷建筑则庭院错落,自成体系,富于情趣。前朝后寝,分工明确。

故宫的建筑风格和布局,体现中华民族的独特风韵。其中轴布局,前朝后廷,是它的主要特色。

故宫里的殿阁恢宏,大得惊人,内有数量众多的各种宫室,游览故宫的人,必须做好体力上的准备。曾有人做过这样的比喻,一个孩子若在故宫里出世,从出生开始依次在故宫的宫室中住宿,每个宫室住一夜,等他将所有宫室都住遍时,已是一位 27 岁的青年人了。大部分游人参观完故宫后,都承认自己没有看到故宫的全部,因为置身浩大的宫中,实在数不清究竟有多少宫室。一般游故宫的人,因体力和时间的限制,所参观的只是故宫的主要建筑。

故宫里最吸引人的建筑是三座大殿:太和殿、中和殿和保和殿。它们都建在汉白玉砌成的 8 米高的台基上,远望犹如神话中的琼宫仙阙。

太和殿

太和殿是故宫内最能体现中国帝制权力的象征,是故宫最富丽堂皇的建筑,俗称"金銮殿"。它不仅面积是故宫诸殿中最大的一座,而且形制也是最高规格的。连同台基通高 35.05 米,面阔 11 间,进深 5 间,建筑面积达 2377 平方米,殿高 28 米,东西 63 米,南北 35 米,有直径达 1 米的大柱 92 根,其中 6 根围绕御座的是蟠龙柱,每根柱上用沥粉贴金工艺绘出一条巨龙,腾云驾雾,神采飞动。整座殿堂显得庄严肃穆、富丽堂皇。御座在一种称作金砖的质地坚细的方砖墁地上,前有造型美观的仙鹤、炉、鼎,后面有精雕细刻的围屏。门窗上部嵌成菱花格纹,下部浮雕云龙图案。

太和殿里最引人注目的是皇帝的宝座。它的上方是一个金漆蟠龙藻井,井中有盘龙,龙头下的圆球叫轩辕镜。相传轩辕镜为轩辕黄帝所造,将它悬于宝座上象征着江山正统。但现在太和殿中宝座的位置与轩辕镜上下并不相对,据说当年袁世凯复辟登上宝座后,抬头见轩辕镜悬在头顶,怕掉下来将他砸死,于是就将宝座往后移了。

皇帝宝座

如今人们见到的金銮宝座是明代的遗物,清朝的皇帝继续使用。袁世凯复辟时,曾经将它换成了一个中西合璧类似沙发的座椅。解放后,人们在故宫家具库中发现了原来的宝座,经过一年多的整修,才恢复了它的本来面貌。

在我国古代,宫殿的屋顶上都装饰着异兽,异兽的数量越多,代表着宫殿的等级越高。故宫中唯有太和殿顶的异兽是十样俱全,中和殿和保和殿只有九样,其他宫殿则按级递减。

太和殿是世界最高的重檐庑殿顶建筑,除殿顶上的一条正脊外,在两层重檐上各有四条垂脊(亦称"岔脊"),两层重檐有八条垂脊,而每一条垂脊上均有仙人和形象各异的走兽装饰,共有 88 个。每条垂脊上的装饰物都是一样的。据《大清会典》记载,最前面的是"骑凤仙人",后面的排列顺序为龙、凤、狮子、天马、海马、狻猊、押鱼、獬豸、斗牛、行什。这十样形象各异的走兽,各自均有"来历"。如獬豸是公正的象征;狻猊是龙子之一,它形似雄狮,用做镇兽;押鱼是海中异兽,传说它是兴云作雨、灭火防灾的"能手";斗牛是古代传说的一种虬龙,是一种除祸灭灾的吉祥动物。

太和殿顶正脊上有一个高 3.36 米的装饰物,名叫"鸱吻",它是用 13 块中空的黄彩琉璃瓦件拼成的。在神话传说中,龙生九子,"鸱吻"就是其中一子。

关于这位龙子,自古以来就有种种传说。相传这位龙子能喷浪成雨,所以将它装饰在屋顶的正脊两端,有镇火之意。"鸱吻"、俗名"吞脊兽",其模样似龙非龙,面朝里,张着大嘴,好像要把整个殿脊吞下去。它的背上还插着一把利剑,剑柄露在体外。为什么会这样呢?

据说龙王临死前把王位传给大儿子,可是老二不服气,就跟老大争夺王位。这怎么办呢? 哥俩儿一商量,决定比赛吞屋脊,谁能把一整条屋脊都吞下去,谁就当龙王。老二先来,张开大嘴就把屋脊往下吞。老大一看情况不妙,这样下去王位准得被老二夺去,他心一横,拔出宝剑,趁老二一心吞脊,从他的背后狠狠地刺下去,从此就把老二钉在了屋脊上。

太和殿也是明清皇帝举行大典的地方,比如皇帝即位仪式、皇帝大婚、册立皇后、皇帝生日庆典、皇帝指派的大将出征,以及元旦、冬至等在中国农历上比较重要的节气的庆祝活动都在太和殿举行。皇帝在此接受文武官员的朝贺,并向王公大臣赐宴。清初,还曾在太和殿举行新进士的殿试,乾隆五十四年(1789 年)始,殿试改在保和殿举行,殿试以后由皇帝宣布登第进士名次的典礼"传胪",仍在太和殿举行。

每逢有重要庆典活动,殿内珐琅仙鹤上点燃蜡烛,香亭和香炉烧燃檀香,露台上的铜炉、龟、鹤中点燃松柏枝。殿前两侧廊下排列乐队,从露台至天安门的路两旁排列各种仪仗队。殿内外香烟缭绕,全场肃立无声。待皇帝登上宝座时,鼓乐齐鸣,文武大臣按品级排满广场,三叩九拜,山呼万岁。其壮观场面,显示出皇帝的无上权威和尊严。

太和殿不仅是故宫中最大最主要的建筑,也是我国历史上最大、最壮丽的木结构大殿。

中和殿

中和殿在太和殿后面,是一座尖顶的方形殿,殿中央最高处安装着镀金的圆形宝顶,仿佛巨大的宝珠。殿内设有宝座,每当皇帝去太和殿参加大典前,先在这里稍作停留,接受内阁大臣和礼部官员行礼,然后进太和殿举行仪式。当皇帝去天坛祭祀之前,要先来这里阅读祭文;去祭先农坛前,也要到这里检查种子、农具等备耕仪式所用物品的准备情况,以表示皇帝关心农事。

中和殿中现陈列的两顶轿子,是皇帝在宫内乘坐用的。

中和殿名字中所取的"中和"二字,意思是宣扬封建主义的"中庸之道",倡导凡事做到不偏不倚,恰如其分,以使各方关系得到协和调顺。

中和殿

保和殿

保和殿在中和殿后。中和殿的意思是"志不外驰,恬神守志",就是说神志得专一,以保持宇内的和谐,才能福寿安康,天下太平。保和殿建于明永乐十八年(1420年),乾隆时重修。殿内设有宝座,在明清时期,每当除夕和元宵节,皇帝都在这里宴请王公大臣。清乾隆后期,把三年一次的殿试(考试),由太和殿移至这里。金殿对策,决定千万士子的命运。

中国封建科举制度主要分三级考试,即乡试、会试、殿试。殿试是最高一级考试,由皇帝出试题,文章写得合乎皇帝心意,书法也好,才能录取。金榜题名后,即可封官为封建帝王服务。封建社会的科举制度,是封建统治者选拔官吏的主要形式。

三大殿西侧武英殿曾是皇帝接见大臣之处,也是文人学者编写、出版书籍的地方,《四库全书》和《古今图书集成》等巨著,就是在这里完成的。

皇帝、皇后、嫔妃以及未成年的皇子生活和居住的地方,俗称"三宫六院"。

"三宫"是乾清宫、交泰殿、坤宁宫。乾清宫的西边为月华门,进去便是养心殿和西六宫;东面是日精门,对应着斋宫和东六宫。西六宫指的是储秀宫、体和殿、翊坤宫、长春宫、体元宫和太极殿;东六宫指的是景仁宫、承乾宫、钟粹宫、延禧宫、永和宫和景阳宫。皇帝的一大群宝眷就分住在东、西六宫之内。

故宫分为外朝和内廷两部分,三宫六院属于内廷,内廷与外朝的分界线就是乾清门。故宫里的门大多摆有狮子,乾清门也是一样。不同的是,乾清门前的那两只铜狮子的耳朵是耷拉着的,而故宫里其他的狮子,都是立着耳朵的。

铜狮子

你知道这是为什么吗? 原来,清朝时皇家禁止臣子进入后宫,更严禁后宫干预朝政，住在三宫六院里的女人，不管你是谁，都不能越过乾清门。铜狮子的耳朵耷拉着，就是警示后宫嫔妃和佳丽们，对于外朝的政事要少听、少议论。

过了乾清门往北走就是乾清宫。乾清宫是明清两朝皇帝的卧室，也是皇帝日常办公的地方，正中设有金漆宝座，宝座上方高悬着"正大光明"的匾额。雍正皇帝即位后，把历代封建王朝公开册立太子的制度，变成秘密立储。由皇帝亲自选定符合继位条件的人，再亲笔书写密诏两份，一份放在"正大光明"匾额的后边，另一份自己随身携带。皇帝去世后，拿出两份诏书核对无误以后，即可生效。雍正的"密诏建储"制度，继承了古代开明皇帝传位"传贤不传长"的优选方法，对清王朝政权的巩固和延续起到了一定作用。

乾清宫内景

故宫的四个城角上各有一座角楼，建造得十分精巧别致。解放后人们在拆修西北角楼时发现，角楼的结构非常复杂，它由成千上万个构件组成,不用铁钉,却能卯榫相连,且严丝合缝。在中国建筑史上,它是不可多得的杰作。

如此精巧的角楼是怎样建造出来的呢?

相传朱棣决定迁都北京时,就派了一位亲信大臣到北京建造皇宫。临走前,朱棣告诉那位大臣,要他在皇宫外墙的四个犄角上盖四座角楼,每座角楼都要有九梁十八柱、七十二条脊。

那位大臣来到北京后,就把匠人们都叫来了,跟他们说了皇帝的旨意,并限期三个月,如果不能按期盖成就全都砍头。

故宫角楼

三个月的期限转眼就过了一个月,匠人们却连一点头绪都没想出来。当时正赶上三伏天,热得人喘不上气来,加上心里烦闷,有一位木匠师傅就上大街闲遛去了。

走着走着,他老远地听到一片蝈蝈的叫声。走近一看,是一个老头儿提着用秫秸编的蝈蝈笼子,在沿街叫卖,其中有一个细秫秸棍插的蝈蝈笼子,精巧得就跟画里的楼阁一样。木匠师傅觉得这笼子的梁和柱有点特别,就好奇地数起来。数了一遍后,他激动地蹦了起来,一拍大腿说:"这不正是九梁十八柱七十二条脊吗?"

他连忙买下这个蝈蝈笼子,直奔工地。同行们听他一说,这个接过笼子数数,那个接过笼子数数,都说:"真是九梁十八柱、七十二条脊啊!"大伙儿受到这个笼子的启发,很快就琢磨出了紫禁城角楼的样子。

据说,那位卖蝈蝈笼子的老人是鲁班爷显灵,来北京救护他的子孙后代来了。

故宫从整体上来看,主要有两种色彩——黄色和红色。这是为什么呢?从唐代开始,黄色就已被规定为代表皇室的色彩,其他任何人都不许在服饰上使用。到宋代,封建帝王的皇宫开始采用黄琉璃瓦顶。至明、清两代,更是明文规定,只有皇帝的宫殿、陵墓及奉旨兴建的坛庙等,才准许使用黄琉璃瓦,其他建筑一概不得擅用,否则就是"犯上",要处极刑。

故宫里的鎏金香炉

红色,是代表着吉祥、喜庆的色彩,更是为中华民族所尊崇,据说早在一万多年以前,我们的祖先山顶洞人就喜欢用红色来装饰自己的住处,同时红色也有避邪之用。为显示帝王的尊贵富有,从周代开始,宫殿建筑普遍采用红色,并一直延传下来。

故宫是封建最高统治者居住之所,为处处显示出皇帝的"至高无上"和"尊贵富有",因而绝大多数建筑都采用红墙黄瓦。但是有些人会发现故宫有两处违反这种规定的地方:东华门内文华殿后面的文渊阁主要用的是黑琉璃瓦,南三所则用的是绿琉璃瓦。这究竟是怎么回事呢?

原来文渊阁在明朝灭亡之际,遭受火劫,坍塌湮没。乾隆三十五年(1774年),乾隆为珍藏《四库全书》,便仿浙江天一阁重建文渊阁。因为此阁为藏书之所,书最怕火,而封建迷信认为黑色代表水,所以采用黑瓦,含有以水压火之意。而南三所为清代皇子们的居住所在,根据当时的规定,亲王、郡王等大臣们的住宅,只能用绿瓦盖顶。至于无官衔的百姓住宅,均采用一般黑色瓦顶,足见等级之森严。

故宫当初栽了不少树木,可如今除了养心殿和御花园,其他地方很少见到树木的影子。这是为什么呢?原来,这跟清代的一次农民起义有关。

1812年,宛平宋家庄(今大兴县芦城乡宋家庄)人林清,参加了反清秘密组织——八卦教。为推翻清朝政府,各省八卦教教主在河南秘密聚会,推选林清做总教主,并将八卦教分为南北两支,分别由林清和李文指挥,举行起义,北支由林清指挥直捣紫禁城,南支北上支持。但南支起义军因打造兵器泄密,迫不得已提前起义,结果遭到失败。林清未得到消息,仍按原约定起义。

1812年9月15日,林清率起义军化装成小贩,纷纷奔向故宫的几个城门,正午时刻,起义军亮出武器,高举起义大旗,嘶喊拼杀。东路起义军受阻,西路起义军攻下西华门,杀到隆宗门。隆宗门大门关闭,起义军见宫墙两边树木参天,有的爬上大树,跨越围墙,直扑养心殿;有的砍折树枝,准备火攻。后因京城守备大臣率兵赶来,起义军腹背受敌,损失惨重,起义以失败告终。

事后,嘉庆皇帝心有余悸惊呼:"从来未有事,竟出大清朝。"接着下令将故宫里的树砍掉,并且规定以后也不许再种植。所以,虽然与故宫近在咫尺的劳动人民文化宫和中山公园古树参天,郁郁苍苍,而故宫却很少绿色。

在很多文学作品、戏剧小说中,凡忤逆了皇帝或当权皇后的王妃或皇子,大都遭到被打入冷宫的命运。冷宫真的存在吗?它又在何处?那些被冷宫囚禁的忧郁的灵魂们真的就毫无幽怨地离开这深深的紫禁城了吗?还是久久徘徊其中不愿离开,欲向人们诉说心中的怨恨?

后宫粉黛三千,却有几人欢颜?在"宫中多怨女"的冰冷深宫里,多少年轻女子抱着满怀希望走进皇宫,大多迎来的是漫长的岁月、难耐的寂寞、毫无温暖的冷眼,更有甚者,一旦失宠,便在宫中禁室里等死,十分悲惨。

故宫里真的有专门的"冷宫"吗?它又在哪里?历来有两种说法,一说即是乾清宫、长春宫;一说"冷宫"无固定地址,凡是关禁王妃、皇子的地方,便俗称"冷宫"。

实际上,故宫内从无"冷宫"匾额,冷宫并不是某一处宫室的正式命名。根据一些文献记载,明、清时代被作为"冷宫"的地方有好几处,可见,第一种说法值得商榷,第二种说法比较可信。

明代景泰年间,少数民族也先将所俘获的英宗皇帝放还京师,好不容易坐上皇位的代宗害怕他哥哥英宗夺回皇位,便把英宗软禁在"南宫"。这个"冷宫"在今南池子南端。

明末天启年间,成妃李氏得罪了权势显赫的大太监魏忠贤,被魏忠贤由长春宫赶到御花园西面的乾西四所。先后被幽禁起来的,还有定妃、襄嫔、恪嫔三人,这个"冷宫"在故宫的西面。

清朝康熙的第二个儿子允礽被康熙立为皇太子,立了又废,废了又立,最后在康熙五十一年(1712年)被彻底废黜,并永远禁锢在咸安宫。咸安宫在紫禁城内西南部,紧靠武英殿,早已坍塌。

清朝有名的光绪皇帝的宠妃珍妃被慈禧害死之前,据说被囚在景祺阁北边北三所,这个地方就在今天珍妃井旁西边的山门里。如果这一出自太监之口的传闻属实,那么此地也算得一处"冷宫"。

在没有煤气和电气的时代,占地70多万平方米的紫禁城,如何取暖,这是一个令人困惑不解的谜。

其实,故宫设计者对取暖是有充分考虑的,一是利用天然的光照,所以故宫的建筑大都坐北朝南。此外,高大的宫墙、厚厚的墙壁和屋顶、严实的门窗,都可以有效抵挡寒冬的侵袭。

即使如此,如果没有其他的取暖设备,寒冷的冬天也是难熬的。故宫的取暖设施非常先进,拿现在的说法是非常天然环保,那就是充分利用北方火炕和地暖,在三大殿以及皇帝、后妃所居住的寝宫的地面下都挖有火道,设有烧炭的大炉子。添火的门设在殿外廊子下,是两个一人多深的炕洞——这就是有名的暖阁结构。这种既有暖阁又有暖炕的屋里,冬天温暖如春,绝不比暖气或空调的现代化房屋逊色。

除了暖阁、暖炕外,室内还设有火炉,又叫火盆,或叫熏笼。这种火盆或熏笼既有实用功能,也有欣赏作用,特别是熏笼,制作十分精美,分为盆和笼两部分。大的熏笼重达数百斤,高1米多,或3足,或4足,有的青铜鎏金,有的嵌丝珐琅,十分华贵。为确保安全,炭火盆外均加盖一种金属网罩,既实用又美观。如今在太和殿、中和殿、保和殿、乾清宫、坤宁宫等处,都陈列熏笼。

除火盆、熏笼外,还有一种小巧轻便的手提火炉,像西瓜那样大小,可以随手提动,非常方便。另外,还有放在脚下取暖的脚炉,用来暖手的手炉。当然,这只有皇帝、皇后及妃嫔们才有资格使用。

既然有那么多火道,却没有烟囱,烟火是从哪儿排出去的呢?原来故宫一切用火全部以木炭做燃料,这样既可保持环境不受烟熏污染,又可避免高大的烟囱影响整个建筑物的美观。所以皇宫内使用的木炭,都是经过反复精选的如筷子一般长短的上等木炭,敲之叮当作响。在漫长的冬季,每年宫内需用木炭数量达数十万、数百万斤之多,进贡木炭的车辆从全国各地源源不断地向皇宫运来。

故宫,以其完美的造型,至高无上的荣誉,而为全世界所熟悉。那么究竟是谁设计了这座永垂史册的经典建筑呢?

这是个不大不小的问题,而且是个历史谜团,曾经有不少人考察过。因为故宫在建筑时没有像现代建筑那样,明确地刻上此建筑建于何年、何人设计、何人主持施工,等等。

最近,随着若干珍贵史料的发掘和公开,故宫设计者蒯祥的名字开始真正为世人所了解。

今天苏州吴县市胥口镇的渔帆村,就是一代建筑宗师蒯祥的故里。这里南望浩渺的东太湖,背倚青葱的渔洋山,正所谓人杰地灵。至今渔帆村仍有许多蒯祥的后裔。蒯祥墓附设石兽、山门、纪念馆等建筑,庄严而肃穆。

从蒯祥墓碑铭可知,蒯祥为吴县香山(即今胥口镇)人,生于1398年,卒于1481年,字廷瑞,是北京故宫、五府六部衙署、长陵等建筑的营造者。

蒯祥的出生地香山一带是有名的工匠集中地,人称香山帮,曾经为皇家建筑和江南的世俗及宗教建筑活动做出过很多的贡献。

明朝初年，朱元璋征召 20 多万民伕营建南京城，少年蒯祥很可能也参加了南京城的营建工作，这为他后来设计故宫积累了经验。

蒯祥参与设计故宫是历史的机遇。永乐十五年（1417 年），朱棣决定营建北京，从江苏征募了大批能工巧匠前往。蒯祥不到 40 岁，正当壮年，技艺高超，因而被任命为"营缮所丞"，相当于今天的设计师兼工程师和施工员。

蒯祥设计了三大殿、天安门等一批重要的皇宫建筑，一时声誉鹊起，皇帝也常以"活鲁班"称赞他。据史料记载：蒯祥不仅技艺高超，而且对皇帝的意思领会颇深，因而深得皇帝器重，后来升任工程部侍郎，食从一品俸。

蒯祥曾读过几年私塾，有一定的文化修养，而他的技艺更是了得，木匠、泥匠、石匠、漆匠、竹匠五匠全能。在吴县，关于蒯祥的民间传说很多，其中心总离不了蒯祥是如何的鬼斧神工。

在南京博物院藏《明宫城图》，还十分难得地保留了蒯祥的画像。他一副红袍官人打扮，身后是富丽的紫禁城建筑。该画一共有两幅，另一幅藏于北京故宫，像旁有"工部侍郎蒯祥"字样。历史学家顾颉刚考证说，有题字的画是献给皇帝的，不题字的画是留给子孙的。有人由此断定，蒯祥就是故宫的总设计师。

不过，也有人提出蒯祥是故宫的设计者这个说法不确切，认为蒯祥只是故宫的施工主持人，故宫真正的设计者应该是名不见经传的蔡信。因为永乐十五年（1417 年），紫禁城宫殿开始进入大规模施工高潮时，蒯祥才随朱棣从南京来到北京，开始主持宫殿的施工。

与蔡信同时负责故宫工程的还有瓦匠出身的杨青、石匠出身的陆祥，其后有木匠蒯祥、郭文英、徐果。可见，故宫应该是集中了一大批能工巧匠的智慧的结晶，而蒯祥无疑是其中杰出的代表。

皇家园林

谈到中国的文化艺术，我们首先想到并引以为自豪的是绘画和书法。其实，更能全面而充分地体现中国文化艺术特点的是园林，因为中国园林是融绘画、书法、诗歌、建筑于一体的综合艺术。

大地山川的钟灵毓秀，历史文化的深厚积淀，使我国的园林艺术形成了一个源远流长、博大精深的园林体系，以它丰富多彩的内容和高度的艺术水平在世界上独树一帜，被公认为是风景式园林的渊源。

在漫长的历史长河中，我国的园林艺术对于世界园林艺术的发展发挥了不可低估的作用。早在6世纪，我国的造园术就经朝鲜传到了日本，从此以后，日本园林的发展、成熟都从中国园林中汲取过有益的养分。18世纪中叶，东西方敞开了交往的大门，通过传教士的介绍，欧洲人像当年哥伦布发现新大陆一样，发现在遥远的东方存在着一种他们从来没有见到过的全新的园林形式，一种与欧洲园林截然不同的中国造园艺术。这一发现就如空谷足音，顿时在欧洲大陆产生了强烈的反响，一时间研究我国园林、模仿我国造园艺术的风气在欧洲兴起。英国皇家建筑师钱伯斯特地两度游历中国，他回去后根据见闻著书立说宣扬中国园林，并仿建中国园林。后来，这一风气又从英伦三岛传播到了整个欧洲大陆，时兴于当时欧洲许多国家的宫廷、府邸。

我国园林以其独特而精湛的艺术走向了世界，并在世界园林发展史上产生了深远的影响，这是中华民族引以为自豪的。

园林按照山、水、植物、建筑四者的构配方式来划分，可归为两大类：

规整式园林和风景式园林。规整式园林讲究规矩格律,着重在显示园林总体的人工图案美,表现一种为人所控制的有秩序的自然。美国纽约中央公园、法国卢森堡都是规整式园林。风景式园林在构思上自由灵活而不拘一格,着重显示纯自然的天成之美,我国园林是风景式园林的典型。

按照园林基址的选择和开发的不同方式,我国的园林可以分为人工山水园和天然山水园两大类型。人工山水园是在平地上开凿水体、堆筑假山,人为地创设山水地貌,配以花木栽植和建筑营构,把天然山水风景缩移摹拟在一个小范围内,比如苏州的狮子林、上海的豫园等。人工山水园是最能代表我国园林艺术成就的一个类型。天然山水园是充分利用山野风景地带,因势利导作适当的调整、改造加工而成,北京的颐和园、圆明园都具有天然山水园的特点。

北京颐和园

颐和园地处北京西北郊外,距京城约15千米。颐和园历史悠久。女真贵族建立的金朝,就在这一带修建过"金山行宫"。那时的万寿山叫"金山",昆明湖称"金水"或"金海"。到了元代,金水改成瓮山泊,湖中除了从玉泉山引来的泉水外,元世祖忽必烈还采用了水利官员郭守敬的方案,巧引昌平凤凰山下白浮泉水,增大了水量。由于它位于北京西郊,所以又称"西湖"。元朝统治阶级看见了这块风光秀丽的地方,大兴土木,历时三年,在西湖畔修建了大承天护国寺,于玉泉、西湖之间装点了许多人工景观。自此,西湖景有"壮观神州今第一"的美誉。

清朝以后,这里的一石一木、一雕一画,更是记录了近代史上的风云变幻。清代乾隆年间,乾隆皇帝为了给他的母亲祝六十大寿,在瓮山上修大报恩延寿寺,改瓮山为万寿山,并仿照汉武帝在长安昆明湖上训练水师的故事,将西湖改为昆明湖,园名也改为清漪园。清漪园,始建于1750年清乾隆时期,1860年清漪园被英法联军焚毁。1888年,清廷挪用海军经费重建新园,作为慈禧太后的颐养之所,取意"颐养冲和",名为颐和园。

颐和园中湖水面积占全园面积的3/4。景区内有各式宫殿、寺庙和园林3000多座,是中国现存最为完整、规模最大的皇家园林。颐和园主要由万寿山和昆明湖组成,大体分为三个区域:以仁寿殿为中心的勤政区,以乐寿堂、玉澜堂和宜芸馆为主体的生活区,由万寿山和昆明湖等组成的游览区。

仁寿殿是勤政区的主要建筑,乾隆皇帝在位时叫勤政殿,意思是不忘勤理政务。光绪十二年(1886年)重修,改称仁寿殿,意思是施仁者长寿。清末,这里是慈禧太后和光绪皇帝坐朝听政、会见外宾的地方。

仁寿殿西侧的乐寿堂是慈禧太后休息的地方,也是颐和园生活区的主要建筑。院内有几株玉兰花,是乾隆皇帝从南方移植过来敬献给母亲的。初春时节,玉兰花悄然绽放,晶莹洁白。

玉澜堂在仁寿殿西南,临湖而建,是一座环境幽雅的四合院式建筑。正殿玉澜堂坐北朝南,东配殿为霞芬室,西配殿为藕香榭。这组建筑初建于乾隆十五年(1750年),1860年被烧,1892年重建。1898年戊戌变法后,慈禧太后将光绪帝囚禁在玉澜堂。当时为防止光绪帝与外界接触,东、西、北三面均用砖墙阻隔,正南面由慈禧派亲信太监日夜监视。

游览区是颐和园的主体部分,也是全园的精华所在。其中,万寿山原名翁山,中国古代杰出的工匠在这座高不足 60 米的小山上修建了巨大的主体建筑群。从山脚的"云辉玉宇"牌楼,经排云殿、德辉殿、佛香阁,至顶部的智慧海,重廊复殿,层叠上升,气势磅礴。

排云殿曾是慈禧过生日时受朝拜的地方。四周有游廊和配殿,前院有水池和汉白玉砌成的金水桥。从远处望去,排云殿与牌楼、排云门、金水桥、二官门连成了层层升高的一条直线。这组建筑是颐和园最为壮观的建筑群体。

颐和园佛香阁

佛香阁是颐和园的中心,位于万寿山的最高点上,巍峨高耸的佛香阁八面三层,踞山面湖,周围建筑分布其间,形成众星捧月之势,气势非常宏伟。一层内供奉着一尊 5 米高的南无大慈大悲观世音菩萨铜胎鎏金站像。二层正中张挂着一幅万寿山昆明湖石碑拓片。站在佛香阁上鸟瞰昆明湖,整个水域酷似寿桃之形,湖面上烟波浩渺,碧水粼粼,蜿蜒曲折的西堤犹如一条翠绿的飘带,与西湖的苏堤极为相似。

"何处燕山最畅情,无双风月属昆明。"他认为昆明湖的风光应当是燕山一带风光之首。

昆明湖水面达 200 公顷,占颐和园总面积的 3/4。湖中有石舫、长堤和十七孔桥等胜景。游人泛舟湖上,放眼四望,水阔天空,西山峰峦叠翠,玉泉山塔影朦胧,犹如一幅多层次、多色彩的巨幅图画。

颐和园内这片广阔的水域,为何取名为"昆明湖"? 它与云南省的昆明有什么联系? 又与汉武帝开凿的西安昆明池有何关联呢?

其实,昆明湖最早不叫昆明湖,而叫瓮山泊;万寿山也不叫万寿山,而叫瓮山。那时西山一带泉水丰沛,因地势较低,所以水都汇集到这里,形成一片宽广的大湖,叫瓮山泊。

乾隆平定金川之乱时,为操练水兵,就把这片水域作为水上练兵场了。其实这个灵感是乾隆由当年汉武帝开凿昆明池而得来的。公元前122 年,汉武帝派使臣打算由南路通使身毒国(今印度),使臣们到达今云南滇池附近被阻留。汉武帝准备用武力击破昆明各部落,打开一条通道。昆明部落人多居水中,擅长水战。于是,元狩三年(公元前 120 年),汉武帝利用西安上林苑一片洼地,开凿一个周围 40 里的水域,模拟昆明族人的滇池,用以操练水军,并取名"昆明池",以示征战昆明的决心。乾隆当时欲平息南方的金川之乱,所以就效仿汉武帝,将瓮山泊扩充,并改称为"昆明湖"。他还在昆明湖中设战船数十艘,让香山健锐营到湖上操练水战,这为第二次金川之役取得胜利创造了条件。

当你荡漾在碧波粼粼的昆明湖上,当你漫步在十七孔桥上时,可曾想到这湖与千里之外的昆明滇池有着曲折的联系? 可曾想象到这里曾是戈矛林立的练兵场地呢?

昆明湖上的十七孔桥

　　风景如画的颐和园,除了湖光山色、亭台楼阁,还有许多别的名胜,十七孔桥旁边的铜牛就是其中之一,它以精美的造型和栩栩如生的神态吸引着众多的中外游客,为这座古典园林增色添辉。

颐和园里的铜牛

　　走近铜牛,你一下子就会发现,牛尾巴是断的。它是怎么断的呢?

这得从慈禧扩建颐和园说起。

慈禧一心效仿天上的王母娘娘,传下手谕:颐和园要修成"天上人间"。佛香阁象征天宫,昆明湖好比天河,八方亭和龙王庙一带便是人间了。

事也凑巧,早先在石舫的西北边儿就有一座织女亭,而在昆明湖的东南角上,乾隆年间就修了一个铜牛,它身子朝东,头扭向西北,正好冲着织女亭的方向。这一来,昆明湖更像是天河了,天上有织女,地下有牛郎。从那时起,这头铜牛就这么朝朝暮暮望着织女。

有一年七月七,也就是天上牛郎会织女的日子。这头铜牛突然活了,它离了铜底座,一步一步地走到湖里,然后朝着织女亭那边游去。谁知道昆明湖太大了,铜牛游了一半就沉到湖底下了。

有人将此事禀告慈禧。她起初不信,亲自到十七孔桥一看,果然不见了铜牛。怎么办?天河边不能没有铜牛呀!于是又派人仿照过去的铜牛赶制了一只,安在原处。怕它再跑,又用铁链子将它锁上。

第二年的七月七,这头铜牛也动起来了,眼看铁链子要被挣脱,慈禧忙派手下几个壮汉前去将牛拉住。这几个壮汉使尽全身力气拼命拽着牛尾巴。劲太大了,只听"咔嚓"一声,尾巴拉断了。这时又有人找来更粗的铁链子,七手八脚总算把铜牛锁住了。

从此,昆明湖边上便留下一只断尾巴的铜牛。

循万寿山南麓沿昆明湖北岸构筑的一条蜿蜒曲折的廊道,是我国园林中最长的廊道,而且它的长度和丰富的彩画在 20 世纪 90 年代就被收入了《吉尼斯世界纪录大全》。

长廊以颐和园建筑的最高点佛香阁脚下的排云殿为中心,呈东西走向,向两边延伸,南临昆明湖,北傍万寿山,蜿蜒曲折,以它的长与佛香阁的高遥相呼应。长廊全长 728 米,共 273 间,中间建有象征春、夏、秋、冬的"留佳"、"寄澜"、"秋水"、"清遥"四座八角重檐的亭子。沿廊而行，廊外湖光山色随步而移，令人目不暇接。廊内每根梁枋上都绘有精美的传统彩画，绘有人物典故、西湖美景、花鸟虫鱼14000多幅，体现了中国古代工匠杰出的创作技巧。当年乾隆和慈禧都曾派人到西湖写实，然后将其移绘到长廊枋上，现在长廊自邀月门内第一幅彩画"西湖全景"起，凡迎面横梁上前后都绘有不同的西湖美景。欣赏这些彩画，就如同翻阅一部记录沧海桑田的历史巨著，一幅包罗万象的风情画卷。

从建筑构造的角度来说，廊子本身并不十分复杂，应该说是构造最简单的一种建筑。尽管长廊本身的建筑构造很简单，但从颐和园园林总体设计来看，这道长廊却起到了连接山水的重要作用。万寿山南麓的斜坡直抵昆明湖边，这山水之间只剩下了一条狭长地带，最通常的方法就是修筑一条环湖路，上山下船都很方便。然而，这样做就违背了中国园林艺术讲究含蓄的造园手法。而这条雕梁画栋的长廊横贯于山水之间，南可远眺昆明湖光，北可遥望万寿山色。犹如山之彩屏，水之锦帐。因此，在设计长廊时，艺术大师们精巧的构思使自然山水与人文建筑浑然一体、巧妙融合，将中国造园艺术发挥到了极致，留下这令世人称奇的景观。

在长廊漫游，如同走进一座建筑别致的历史博物馆，你不仅能观赏到精妙的中国传统彩绘艺术，还能领略到中国数千年历史文化的精华。可是这如此壮丽的长廊是因何而建的呢？

据说这个长廊在修颐和园时并没建造，建长廊的地方是一条很宽的临湖路。有一天，慈禧太后登上佛香阁向下一望，觉得昆明湖边缺点什么，就回头问一个建园的监工："这湖里湖边有没有龙？"这是句一语双关的话。因为龙象征皇上，慈禧太后故意难为一下老匠人。

老匠人见慈禧太后沉着脸问他，忙说："回老佛爷，佛香阁上只有'凤尾廊',湖里湖边却没有龙……"

慈禧太后一听大怒,脸色煞白地命令:"把附近耍龙灯的百姓召来,让他们在湖边舞上几天,不许停歇!我要看见龙。"

慈禧太后的意思是"以凤压龙"。因为她既是"凤",山下就该有条"龙"。她以上凌下,就算把皇上压在下面了。但她却故意不提修建长廊的事情。

这下可苦了那些舞龙灯的人。他们拼出全力,从早上舞到天黑,又从天黑舞到早上,累倒的不计其数。

那位老匠人想着因为自己一时疏忽而连累了大伙儿,心中如万箭钻心,吃不下,睡不安。苦想了三天三夜,想不出一个万全之策。

这天夜里他刚刚闭上眼睛,忽然走进来一位老人,口口声声向老匠人要口饭吃。老匠人见是个要饭的,忙把一碗没吃的肉面端来。

白发老人看了一会儿肉面,叹了几口气说:"我心里堵得慌,吃不下去呀!"说完把肉面碗扣在饭桌上,从碗里取出几根面条围在那个底朝天的碗边,叹了几口气就走了。

老匠人猛然惊醒,原来是一个梦。他回想着那老人的面容、举动,越想越像传说中的鲁班师傅。他对着桌上的扣碗和碗边的几根面条思索起来,一连想了一夜。

忽然他心中一亮:这底儿朝天的饭碗多像万寿山呀!这碗边的几根面条多像一条龙,弯弯曲曲地围在"山"下,面汤在面条边溅了一片,多像昆明湖啊!为什么不设法修建个龙一样的长廊呢!

老匠人赶忙跑到慈禧太后那里禀报:3个月内让她看见湖边的龙,还请求放了舞龙灯的穷苦百姓。

慈禧太后放了舞龙灯的人。马上传令,全国一流匠役在这里集中,让她看万寿山下一条龙出现。

3个月过后,慈禧太后登上佛香阁,真看见了昆明湖边一条长长的"龙",这就是273间的长廊。

颐和园不仅是著名的古典园林,还是清代皇帝的重要行宫。今天,它给予人们的,不只是美丽如画的风景,还有历史沉痛的追忆。

1865年,英法两国发动了侵略中国的第二次鸦片战争。1860年10月7日,侵略军侵入清漪园,面对着这一大片皇家苑囿中的无数珍宝,侵略军开始了丧心病狂的掠夺:能抢走的就拼命抢劫,拿不走的就肆意破坏。

十天以后,侵略军焚烧了清漪园和其他园舍。瞬息之间,一片火海,二十天后还余烬未熄。这次浩劫,清漪园里除去少数石料建筑得以幸存外,剩下来的只有铜亭和铜牛了。

后来慈禧在清漪园的旧址上又进行重建,结果1900年八国联军侵入北京,清漪园再一次遭受浩劫。经历这次浩劫,整个园子已经遍体鳞伤。

1903年,慈禧再次重修颐和园。但是,后山一带的建筑景物,再也没能恢复。因此,清末有人写诗说:

> 湖山不解兴亡恨,
>
> 偶向昆明话劫灰。
>
> 我到此园长太息,
>
> 石舫铜亭心历历。

孕育天府的都江堰

俗话说:北有长城,南有都江堰。它们是中华民族历史长河中的两朵奇葩。都江堰位于四川都江堰市城西,这里古时属都安县境,所以得名都安堰,宋元后改称都江堰。都江堰是中国最古老的水利工程,也是世界上年代最久、唯一留存下来以无坝引水为特征的宏大水利工程,被誉为"独奇千古"的"镇川之宝"。

都江堰结构科学,布局缜密,具有排洪、灌溉、航运等多种功能。2000多年来,都江堰的流水哺育着西蜀大地的芸芸众生,浸润出了天府之国的灿烂文明,留下了千古不朽的美名。2000年11月,都江堰被联合国教科文组织遗产委员会列入《世界遗产名录》。

都江堰

成都平原西北高，东南低，到涨水季节，从高山连绵的松茂峡谷中汹涌而下的岷江就会四下漫流，常常带来可怕的洪涝灾难。公元前256年，秦昭襄王在位期间，蜀郡郡守李冰吸取前人的治水经验，率领当地劳动人民兴建了举世无双的都江堰工程，成功地把岷江引进成都平原，灌溉着这里数百万亩土地，并且还有导江、防洪等一系列功效。四川号称"天府之国"，而孕育它的第一功臣就是都江堰。

都江堰其主要部分是在岷江江心，以竹笼装卵石而成的分水工程，将肆虐的岷江分为内外两段，化害为利，兼具泄洪与灌溉两大功能。都江堰水利工程科学地解决了江水的自动分流、自动排沙、自动排水和引水的难题，收到了行水灌田、防洪抗灾的功效，是世界水利工程史上的一大奇观，它以独特的水利建筑艺术创造了与自然和谐共存的水利形式。

2000多年来，都江堰仍发挥着巨大的作用，哺育了"天府之国"富饶的农业生产，目前灌溉面积达5300多平方千米。

李冰治水，功在当代，利在千秋。流传下来的清明放水节成为当地的一项重要文化活动，烟花时节，春潮奔涌，极为壮观。都江堰玉垒拥翠、碧水长流，二王庙、伏龙观隔水而立，与相邻的青城山遥相辉映，融人文、历史与自然景观为一体。

都江堰最主要的部位是都江堰渠首工程，这是都江堰灌溉系统中的关键设施。渠首主要由鱼嘴分水堤、宝瓶口引水和飞沙堰溢洪道三大工程组成。它们互相制约、互相调节，结构科学巧妙。

鱼嘴分水堤长约3000米，是都江堰的分水工程，因其形如鱼嘴而得名。它把迎面而来的岷江水从中间分割为内江和外江。春耕用水季节，内江进水六成，外江进水四成；而在夏秋洪水季节，内、外江进水比例自动颠倒过来,内江进水四成,外江进水六成,这就是都江堰治水三字经中所说的"分四六,平涝旱"。此外,分水堤充分利用弯道环流原理,表面清水冲往凹岸,含沙浊流从河底流向凸岸,成功地完成了水流的自动排沙。鱼嘴的设置极为精妙,决定了内、外江的分流比例,是整个都江堰工程的关键,即使从今天的水利技术来看都令人惊叹。

鱼嘴分水堤

此外,在古代还使用杩槎来人工改变内、外两江的分流比例。杩槎是一种以数根圆木为骨架,外覆竹席,内灌泥沙的截流物体。一般在春季水量较小时使用这种方法截流外江,增大内江的水流供给,待春耕结束水位上涨后,再砍去杩槎,使水流恢复正常。

1974年,在鱼嘴西岸的外江河口建成一座钢筋混凝土结构的电动制闸,代替过去临时杩槎工程,截流排洪,更加灵活可靠。在鱼嘴上游东岸有百丈堤,全长 1950 米,将洪水与泥沙逼向外江,并起到护岸的作用。鱼嘴堤坝向下游延伸,则形成金刚堤,再往下,分别是飞沙堰和人字堤。

宝瓶口紧靠灌县西门,古时又名金灌口。宝瓶口开凿于都江堰创建时,当时李冰在其子二郎的协助下,邀集有治水经验的农民,对岷水东流的地形和水情做了实地勘察,决心凿穿玉垒山引水。他带领众人以火烧石,使岩石爆裂,凿出了一个宽 20 米,高 40 米,长 80 米的山口。因其形似瓶口,取名"宝瓶口",开凿玉垒山分离的石堆则叫"离堆"。宝瓶口宽度和底高都有极严格的控制,底宽 14.3 米,顶宽 28.9 米,口内即内江流入的进水口宽 70 米,口外出水口宽 40～50 米。宝瓶口同飞沙堰配合具有节制水流大小的功用,是控制内江进水量的关键。内江水流进宝瓶口后,通过干渠经仰天窝节制闸,把江水一分为二。再经蒲柏、走江闸二分为四,顾应西北高、东南低的地势倾斜沿大小各支引水渠不断分流,形成自流灌溉渠系,灌溉成都平原上一千余万亩农田。宝瓶口左岸山崖上刻有几十条分划,每划间距为一尺,名为"水则",用以观测水位涨落。宋朝时水则仅有十划,清朝时以十六则为大洪水,现在崖上石刻水则已经达到二十四划。宝瓶口岩基,千百年来被飞流急湍的江水冲击,出现了极大的悬空洞穴。为了加固岩基,1970 年冬,灌区人民堵口截流,抽干深潭。从两岸基础起,共浇注混凝土 8100 多立方米,给离堆、宝瓶口筑起了铜墙铁壁,使这个自动控制内江水量的瓶口,更加坚实可靠。

飞沙堰位于鱼嘴分水堤和宝瓶口的连接部位,是中段的泄洪道。一座高出河床仅 2 米的低堰,有排泄洪水和沙石的功能,宝瓶口具有引水和控制进水的作用。当内江水量过大时,洪水就会翻越飞沙堰,利用水漫过飞沙堰流入外江的漩涡作用,有效地减少了泥沙在宝瓶口前后的淤积,从而自动进入溢洪道,由外江排走。另外,根据弯道环流原理,江水中的泥沙被冲往凸岸,越过飞沙堰进入外江,飞沙堰的名称也正是由此而来。

飞沙堰

都江堰一带景色秀丽,有不少名胜古迹。离堆上建有伏龙观,三重殿宇顺山势逐级长高。前殿陈列着 1974 年修建外江节制闸时从河床中挖出的李冰石刻像,石像造于东汉灵帝初年,是我国现存最早的圆雕石像。后殿陈列有都江堰灌区的电动模型。伏龙观的左侧是宝瓶口,江水奔腾澎湃,气势磅礴。观后最高处建有两层八角观澜亭,凭栏远眺,可见鱼嘴、索桥、岷江激流及西岭雪峰。玉垒山建有二王庙,它是纪念李冰父子而修建的庙宇,坐落在玉垒山麓。这座庙宇原是纪念蜀王杜宇,名叫望帝祠,南北朝时望帝祠迁往郫县,这里就成了供奉李冰父子的"崇德庙"。到了宋朝,李冰父子相继被封为王,便改崇德庙为"王庙"。到了清代,才正式定名为"二王庙"。

二王庙

二王庙中有李冰殿,还有二郎殿,里边有李冰儿子李二郎的塑像。在史书中从未介绍过李冰有儿子,那么这个李二郎是什么人呢? 有人认为他是跟随李冰一起治水的年轻人,代表了所有治水的堰工;也有人认为他是李冰的一个侍从。在民间传说中,二郎神是个非常有名的人物,而他享祀的地方就在四川的灌口(今都江堰),所以也有人认为,李二郎就是二郎神的原型。

不管二郎神的原型是谁,李二郎在蜀地是很受欢迎的,蜀人都说,是李二郎擒住了孽龙,修建了都江堰。离堆上的伏龙观,就是为了纪念这个传说而修建的。

相传岷江里住着一条孽龙,经常翻来滚去,兴风作浪,它这一滚一翻不要紧,却给老百姓带来了无穷的灾难。当时,梅山上住着七个猎人,排行老二的二郎本领最高。听说孽龙作乱,他们就下山擒龙。来到灌县时,他们看到孽龙正在水中休息,七个猎人二话没说,跳进岷江就与孽龙搏斗起来。

双方恶战了七天七夜,也没分出胜负。到了第八天,二郎的六个兄弟全都战死了,孽龙也筋疲力尽,负了重伤。二郎把孽龙拖到岸上,想一刀宰了它,老百姓说:"龙虽然坏,却杀不得,杀了就没有水了,还怎么种庄稼呢?"二郎听了,就拿条铁锁链锁在孽龙身上,把它拖到玉垒山,它在这里打了个滚,滚出一条水道,这就是宝瓶口。二郎又把孽龙丢进宝瓶口上方的伏龙潭里,让它向宝瓶口吐水。为了防止孽龙再次作乱,老百姓还在宝瓶口下方修了一座锁龙桥。都江堰的雏形就这样出现了。

安澜桥

二王庙前岷江上的索桥——安澜桥,横跨在内江和外江的分水处。安澜桥又称夫妻桥,位于都江堰鱼嘴之上,是都江堰最具特征的景观。此桥古名"珠浦桥"、"平事桥",始建于宋代以前,明末毁于战火。清嘉庆年间,一个名叫何先德的塾师见行人过河艰难,便发起在原桥基础上重建新索桥的号召。桥尚未完工,何先德就去世了,其妻继承遗志,在群众支持下,终于把桥修成。新索桥建成后,任凭风急浪高,人们都可安渡狂澜,故名"安澜桥"。索桥以木排石墩承托。用粗如碗口的竹缆横飞江面,上铺木板为桥面,两旁以竹索为栏,全长约500米。现在的索桥,下移了100多米,建材已由竹改为钢,承托缆索的木桩桥墩也改为混凝土桩。远看如飞虹挂空,又像渔人晒网,形式十分别致。漫步桥上,西望岷江穿山咆哮而来,东望灌渠纵横,都江堰工程的概貌及其作用,更是一目了然。

都江堰西关玉垒山上有个石台,名叫斗鸡台,又叫斗犀台。在民间传说中,这两个名字都跟李冰有关。

斗鸡台的名字来自这样一段传说:有一次,李冰看见两只鸡在抢米粒,抢着抢着,米粒掉进石缝里。见不到米粒,一只鸡就走开了,另一只鸡却对着石缝猛啄,坚持不懈,到底啄开了石缝,把米粒吃到嘴里。李冰从中悟出了"有志竟成"的道理,于是引导百姓,凿开离堆,平息洪水。功成之后,人们就建了斗鸡台作为纪念。

斗犀台的名字来自这样一段传说:都江堰动工前夕,岷江的江神提出要娶美女二人为妻,并扬言说如不答应,就要制造水灾。李冰说可以答应他的要求,还说愿意把自己的女儿送给江神。送女那天早晨,李冰带着美酒和食品,独自一人来到江神庙。江神以为李冰是来向他敬酒的,十分高兴。谁知李冰举起酒杯以后,却一一列数江神的罪过,痛斥他的贪婪和残暴。江神气急败坏,就变成一头黑犀牛,扑向李冰。李冰也变成一头牛,和江神搏斗起来。两人你来我往打了几十个回合,还是不分胜负,但都累得快爬不起来了。这时候,李冰挣扎着变回人形,来到江北,对他的下属说:"南面那头牛就是江神,你们去把他杀死。"下属们冲上前去,终于把凶恶的江神杀死了。后来,人们就把杀死江神的地方叫作斗犀台了。

石窟艺术

佛教自汉末经西域传入中原后,很快就与汉文化相融合,成为社会精神生活的主流。当百姓饱受战乱和流离之苦时,首先想到的就是烧香拜佛,希望从中得到些许安慰;而达官贵人参禅礼佛,据说功德无量,今生来世都能受益。于是,开洞凿佛就成了当时的一种时尚,直至元朝依然风气不绝。

中国现存的佛教四大石窟分别是:莫高窟、云冈石窟、龙门石窟、麦积山石窟。此外,以上四座石窟又与其他六座石窟合称十大石窟,分别是:炳灵寺石窟、巩县石窟、响堂山石窟、天龙山石窟、石钟山石窟、大足石窟。

敦煌莫高窟被称为中国佛教艺术宝库。它位于甘肃省敦煌市东南25千米鸣沙山东麓宕泉河的崖壁上,南北长约1600米。莫高窟俗称"千佛洞",始建于秦建元二年(366年),距今已有1600多年的历史。现存有各代洞窟492个、彩塑2415身、壁画45000多平方米、唐宋木结构建筑5座、莲花柱石和铺地花砖数千块,是一处由建筑、绘画、雕塑组成的博大精深的综合艺术殿堂。洞窟大小不一、上下错落、密布崖面,每个洞窟里面都有栩栩如生的塑像、婀娜多姿的飞天、精美绝伦的壁画、构图精巧的花砖,构成了一个充满宗教氛围的佛国世界。莫高窟是我国乃至全世界现存规模最大、保存最完整的佛教艺术宝库。

敦煌在古时候是著名的丝绸之路的咽喉之地。西汉时,张骞出使西域,

敦煌莫高窟图

加强了中原和西域少数民族的联系,发展了汉朝与中亚各地人民的友好关系,促进了各国经济文化的交流和发展,使中国著名的**丝绸**传入中亚、西亚和欧洲。中国的**丝绸**如流水一样涌向西域。络绎不绝的商旅为**丝绸**而往来于中国与欧洲之间,那条商道,便成为举世闻名的"**丝绸之路**"。敦煌因独特的地理位置,因此尤显重要。

最早生活在敦煌的民族叫苗黎,几经战事后,苗黎衰落,强悍的匈奴占领敦煌。匈奴常向西汉侵扰,发动掠夺战争。汉朝为解除这个威胁,作了大量准备,派大将卫青、霍去病对匈奴全面出击,大败匈奴。匈奴最后向汉朝投降。敦煌由此纳入西汉版图。后在此设了武威、张掖、酒泉、敦煌四郡,置玉门关、阳关两个关隘,把秦长城一直增筑到敦煌以西,沿着长城,列置碉堡,驻兵守卫,并移民开发西域。千千万万劳动人民,从内地来到这荒凉的边塞,定居下来,用双手建起村庄,发展农业,使沙漠变成农田。

在劳动人民的艰苦奋斗中,敦煌逐渐兴盛起来,并建起了城市。敦煌在丝绸之路上的重要地理位置,使它的经济文化获得了迅速发展,并曾成为中国历史上盛极一时的重要城市。古人对敦煌的解释是:"敦,大也;煌,盛也。"历史上还有过长安第一,敦煌第二的说法。敦煌的盛大辉煌和在中国历史上的重要地位,由此可见一斑。正是在这片具有重要历史地位的土地上,孕育和发展了灿烂的、丰富多彩的敦煌文化。

敦煌莫高窟分上下五层,长长的栈道将大大小小的石窟曲折相连。石窟大小不等,塑像高矮不一,大的雄伟浑厚,小的精巧玲珑,造诣精深,想象丰富,集建筑、绘画,雕塑艺术于一身,庄严神秘,宏伟壮丽,令人叫绝。

莫高窟的艺术珍品数量惊人,现存的492个洞窟中,保留到现在的彩塑佛像有2411个,分各个不同历史时期塑造,是人们研究我国彩塑艺术的宝贵资料。

由于莫高窟岩质疏松不适合雕刻,因此造像以泥塑为主。几个巨大的高达30多米的石胎泥塑,是在凿洞时留出佛像的大体形状,然后在外面加泥塑制成。其他塑像有的用木头做身架,外面用谷草包扎。小的彩塑则可用芦苇、谷草或芨芨草捆扎身架,然后再用泥细塑。一般是先用草泥做胎,外层用加有麻布片或纸浆、棉花的泥细塑,塑造完毕后将泥晒干,再进行着色加工。

我国古代的雕塑师们,在简单的工作条件下,显示出大师的智慧和卓越才能,他们凭着熟练的技巧和丰富的想象力,创作出具有不同时代风格的、栩栩如生的彩塑。

莫高窟里最早的彩塑是北魏时雕塑的。这些彩塑表现题材比较简单,有佛、菩萨、交脚弥勒等。在技巧上保留着石雕的手法,没有充分发挥泥塑特有的自由伸展的性能。

莫高窟彩塑

　　莫高窟里最大的几个塑像,是在唐代完成的。唐代是塑像最鼎盛的时代,从唐初到唐末的各个时期的风格也不相同。一般说来,唐代的塑像比例适当,面部更加慈祥和蔼,衣褶更加流畅,每组神像各自的神情面相都不一样。

特别令人称道的是第194窟的菩萨塑像,有着高高的发髻,圆圆的脸庞,绣满花朵的菩萨衣服和帔帛(丝绸披肩)自然下垂,微微张开的眼睛和深陷的嘴角,透露出微笑和妩媚。唐代的塑像,使神更具人的魅力。

另外如第96窟的佛像,高达33米,是莫高窟最高的佛像,外面修建了一座9层楼才把它罩住。这也是在唐代完成的。

唐代以后莫高窟的艺术彩塑,都要逊色于唐代。

同时,壁画也是敦煌艺术中数量最大,内容最丰富的部分。这些壁画绘制于各个不同的朝代,纪录和反映着当时的一些生产劳动场面、社会生活场景、衣冠服饰制度、古代建筑造型以及音乐、舞蹈、杂技等各方面情况,也记录了中外文化交流的历史事实,为研究中国古代社会提供了宝贵的历史资料。西方学者将敦煌壁画称作是"墙壁上的图书馆"。

莫高窟至今还保存壁画有4.5万多平方米,如果将它们排列起来,可以布置成高1米,长45千米的画廊。莫高窟因此有"壁画艺术的长城"之称。

壁画的制作方法是先用泥涂平窟面,在泥里加上铡碎的麦草或麻筋。第一次涂平的泥干后,再涂一层薄薄的石灰。待石灰干后即可作画。画的时候先用赭红或浅墨线打底,然后再涂以粉质的颜料,涂好后再用颜色或墨线描绘一次。

敦煌艺术是十分丰富的,对其中某一项做深入研究都能写出繁浩的专著。由于敦煌壁画也是各个时期的产物,它们表现出的风格也有所不同,内容题材更是广泛,比如婀娜多姿的飞天、苦苦修行的佛教徒、雍容华贵的公主和虔诚的供养人以及"故事画"、"经变画"、"佛教史迹画"、

"尊像图"、"图案装饰"等，无不反映了古代劳动人民神奇而丰富的想象力和伟大的创造力。

提起敦煌，人们自然会想到神奇的飞天。飞天是佛教中被称为香音神的菩萨，是佛教中最受人喜爱的菩萨，她能奏乐，善飞舞，满身异香而美丽。莫高窟的许多壁画都以精湛的笔墨描绘了她们的倩影。飞天是民族艺术的一个绚丽形象，她既不像希腊插翅的天使，也不像古代印度腾云驾雾的天女。中国古代艺术家们用绵长的飘带缠绕着她们优美的身体，塑造出轻盈美丽的仙女漫天飞舞的形象，她们是壁画中极富浪漫主义色彩的艺术形象，也是敦煌壁画中最使人赞不绝口的艺术作品。

飞　天

敦煌莫高窟的"经变画"，就是佛经的故事画，这部分画是莫高窟壁画中最主要的部分。它们所描绘的大多是佛经中的著名故事，画得最多的是西方净土变、维摩经变、涅槃变。

根据佛教徒相信轮回和再生的心理，敦煌壁画中创作了不少"本生

故事画"。本生是指佛祖释迦牟尼佛的前生。本生画描画了释迦牟尼佛
的故事，它把释迦牟尼每一世的舍身行善的故事描绘出来，作为信徒们
的榜样。

　　敦煌壁画中的"尊像图"有佛、菩萨、天王力士、小千佛等。其中我们
前面提到的"飞天"菩萨，就是尊像图中最惹人喜爱的艺术形象。

　　另外，莫高窟的壁画中还有不少"供养人像"。供养人是指那些出钱
修窟的人，石窟修好后，这些供养人及家人的画像在窟内留下来，表示窟
内的佛和菩萨是他们供养的，以求佛和菩萨的降临和保佑。这些真实的
供养人包括了封建社会的各阶层人物，他们的服饰，成了如今人们研究
历代服装的重要史料。

　　敦煌壁画中还有大量被后人研究的图案装饰画和一些精彩的杂技、
舞蹈、奏乐的表演场面。乐队中的人拿着古代乐器，有些乐器到现在已
经失传。

莫高窟中的射猎壁画

总之，莫高窟美妙瑰丽、浩如烟海的壁画，是我国劳动人民智慧的结

晶,是中国绝无仅有的古代艺术遗产。

莫高窟的壁画通过佛教题材反映了古代封建社会的现实,有的反映了劳动人民的辛勤劳动和统治阶级穷奢极欲的生活,有的描绘了大量的古建筑和丝绸之路上所使用的交通工具,让人们了解到当时婚丧嫁娶等社会习俗,成为我们今天研究古代社会生活的珍贵资料。

敦煌藏经洞是20世纪最为重要的考古大发现之一,与故宫内阁大库档案、殷墟甲骨、居延汉简并称为中国古文献的四大发现。

藏经洞中包含了4~11世纪的佛教经卷、社会文书、刺绣、绢画、法器等文物五万余件。最具价值的要算是石窟中魅力无穷的文书经卷,体现了千年前的伦理道德,体现了千年前的文明价值,它是佛教理论的智慧结晶,是佛法高深渊博的具体体现。

它展现了丰富的精神空间和精妙的文字艺术。这些珍贵的发现为研究中国及中亚古代历史、地理、宗教、经济、政治、民族、语言、文学、艺术、科技提供了数量极其巨大、内容极为丰富的珍贵资料。可以说,藏经洞的开启揭开了一个空前绝后的时代,揭开了一个光芒耀眼的世纪,也揭开了一个光辉灿烂的古代文明!

提起这个重大发现,就不得不提到一个原本一文不名的小人物——道士王圆箓。藏经洞的发现,完全改变了他多难的命运,也使得冷寂了近千年的敦煌又变得热闹起来,这就让今天的我们不得不去关注他。

1897年,一位叫王圆箓的道士来到莫高窟。他看到莫高窟一片残破,无人看管,便想把它清理出来,作为自己的道场。他省吃俭用,四处劝捐募款,积攒了一些钱财,慢慢把洞窟中的积沙清理干净了。王道士也以主人的身份自居,还在此建了一个道观——三清宫,接收信众。

有一个叫杨果的书生,也来到这里,帮助王道士抄写道经,接待香客,兼收布施。1900 年初夏的一天,杨果在第 17 号佛窟的甬道里向北面的墙壁磕烟锅头时,忽然感觉墙里面有回音。他怀疑这里面有密室,就把这个秘密告诉了王道士。一天深夜,他俩凿开了这个墙壁,令他们惊讶的是,这里面果真就是密室,里面堆满了经卷、印本、画幡和铜佛。藏经洞就这样被发现了。

这一天,正好是 1900 年 6 月 22 日。一个沉睡了长达千年之久的神秘洞窟终于被唤醒了!王道士怎么也没有想到,他用双手打开的是一个足以轰动世界、举世无双的古代图书馆!那扇石门的开启,打开的不仅仅是黑暗的洞窟,还是一部灿烂的民族史,一部灿烂的文化史,更大的意义是释放了中华文明的巨大能量。价值连城的文卷锦帛、叹为观止的壁画雕刻、风韵犹存的佛像雕塑,无一不是旷世珍宝。

莫高窟第 17 窟藏经洞

面对无数文书经卷、佛像和其他文物,王道士虽然不知洞内的这么多东西为何存放在这里,却隐隐地觉得这个发现非同小可,必须要严肃对待。

于是他便邀请县城内的富绅人士前来观看，但所请之人并不懂室内物件的贵重价值，均认为是神物，不可轻易流失。满怀希望的王道士空欢喜一场，极不情愿却又无可奈何地将藏经洞的洞门再次封闭起来。

但王道士并未死心，依旧寻找机会"推销"他的重大发现。1902年3月，敦煌县新到任的知县汪宗翰得知此事，便令王道士取出部分写经、画像察看。略通古物知识的汪宗翰虽然看出这些经卷是极有价值的古代遗物，但并没有给予文物应有的重视，而仅仅出于一己之私，把这些珍贵遗物当作打通仕途的"礼品"在官场上送来送去，其中有份礼物——北宋乾德六年（968年）的水月观音画像一幅和写经两卷送到了知识渊博，对古物颇有研究的甘肃学政叶昌炽手上。叶昌炽是当时有名的金石学家，他得到消息后让汪宗翰代求一些卷子，补入到他已定稿的《语石》一书中。他还建议甘肃布政司衙门，将敦煌的全部古物运到省城兰州保存。

但最终因高额的运费不得落实而放弃了此计划，布政司衙门只好下令敦煌县把这些古物原地封存。

那么，为什么会有藏经洞呢？在千年以前，藏经洞的本来面目到底是什么？很多学者经过研究后得出结论，藏经洞原来是一位叫洪辩的名僧的禅房，那么这个在唐宣宗时期名声显赫的高僧都有过什么功绩？而这间小禅房又怎么摇身一变成了"藏经洞"呢？回答这些问题还要从头说起。

洪辩，俗姓吴，出身官宦世家。自幼受家庭环境熏陶，勤奋好学，幼年时便博览群书，加之天资聪颖，性灵超群，很小便明晓事理，立志要救民于水火。后来由于种种原因，洪辩出家为僧，但在寺院里依然保持勤学好问的习惯，一心研究佛学。

年纪轻轻的洪辩精通吐蕃语，起初便传译佛典，渐渐成为著名的译经僧，后来慢慢有了佛道心得，而且具备了超群的辩才，成为一位很有造诣的学问僧。

在目睹了当时百姓水深火热的生活状况后,洪辩更加坚定了救民于水火的信念。作为一名颇有名气的高僧,有人写文章赞美他说"一从披削,守戒修禅,志如金石,劲节松坚"。此时的洪辩也有一种强烈的责任感,认为自己应该找到一条真正能普度众生的道路。

在当时,敦煌处于吐蕃统治之下,吐蕃统治者为了加强对敦煌的控制,大力推崇佛教,招贤纳士,德才、学识出众的洪辩因此被人推荐给吐蕃统治者。821年前后,洪辩被吐蕃赞普任命为沙州(即今敦煌)释门都法律兼摄副教授。

洪辩在任职十余年期间,广泛宣扬佛法。他四处传译佛经,讲经说法,广收徒弟。洪辩有着深厚的佛学基础,而且口才极好,因此讲经深刻明理、入木三分,又通俗易懂、幽默风趣,所以深受僧俗两众的爱戴。他也因此被誉为威望甚高的"一方法主"。

832年,吐蕃赞普见他为敦煌佛教的发展竭尽心力,为吐蕃稳定河陇地区作出了不少贡献,便提升他为沙州释门都教授,这相当于沙州僧界最高领袖。在这片天地里,他又开始了长达30多年的任职生涯,也正是在这期间,洪辩有了开洞窟以发扬佛教的想法。

大概是出于对佛的虔诚信仰以及将佛学世代留传的宏愿,洪辩决心开凿"功德窟"。他拿出自己的积蓄,又四处募捐,争取僧众的支持,过了不久筹够了开窟的资金,他便招募良工巧匠正式开凿"七佛堂",两年后工程完工。

七佛堂就是今天莫高窟第365窟,为覆斗顶形制窟。该窟规模宏大,西壁有一佛坛,坛上塑着七世禅定佛,坛下建窟功德文中有他的题名。四壁上,还绘有"法华经变"、"华严经变"、"药师经变"、"报恩经变"以及文殊、普贤及千佛诸圣等图画。

七佛堂

　　洪辩兢兢业业地守在这个职位上。转眼到了 848 年，由于不满吐蕃在河西的统治，张议潮在敦煌起兵将吐蕃驱逐出境。这个消息让具有民族正义感的僧人洪辩非常振奋，当即决定配合张议潮义军讨伐吐蕃。他团结和领导沙州寺院僧人，组织僧兵，成为起义军中的一支重要力量。

后来,洪辩又派弟子唐悟真等跟随张议潮,为其出谋划策。

河湟地区光复后,张议潮被唐朝正式册封为归义军节度使,瓜、沙十一州观察使,洪辩也被封为河西释门都僧统等职。在收复河西、推翻吐蕃统治的过程中,洪辩做出了巨大贡献,使他得到了河西民众的尊敬,归义军政权上下也都对其虔诚供养。

此后,洪辩依旧故我,几十年如一日,虔诚修行,认真研究,广泛弘法。在他的领导与主持下,敦煌译经不断,开了一个又一个佛窟。这其中有个大佛窟,约268平方米,是具有特殊意义的佛窟,称"吴僧统窟",顾名思义,是洪辩的功德窟。

这就是今天莫高窟的第16窟,此佛窟是莫高窟最大的背屏式洞窟,窟呈方形,洞窟主室中心设马蹄形佛坛,坛后有大型通顶的背屏。在本窟的上面还有两层洞窟,合称"三层楼"。

后来,为了排除外界的干扰,方便自己修行,洪辩又在功德窟内甬道北壁中又建了一间小禅室,用作禅修。那个小禅室就是现在的第17窟——赫赫有名的藏经洞。

在洪辩圆寂后,悟真等弟子为纪念师傅,便在师傅生前的禅室里塑了一尊模仿洪辩生前生活的写真像以便时时凭吊。在北壁前的禅床上,端坐着一身泥塑洪辩像。后面壁上绘有两棵菩提树,枝叶相接,非常茂盛。树枝上悬挂着僧人使用的净水瓶和挎袋。菩提树左侧画有一个比丘,双手捧持对风团扇,此人应是洪辩生前的侍者。菩提树右侧画有一名侍女,一手持杖。在影堂的西壁上则嵌有一块唐大中五年"洪辩告身碑",碑文记录了洪辩一生的经历及贡献。于是,这一禅室便成为洪辩的"影堂"。

可见,藏经洞的历史至少经历了以下三个阶段:洪辩坐禅修行的小禅窟,洪辩的影堂与纪念堂,再后来就又被改造为"藏经洞"。然而,本是一代佛学大师的影堂怎么又摇身一变成了后来的藏经洞？这其间究竟经历了什么历史变故？藏经洞里堆置的几万卷经卷文书从何而来？又是谁将这么多的文书藏到了这里？他们又是出于什么目的要把它们封闭在此？无数猜想、无数疑问留给了后世，于是有了众说纷纭的"古代博物馆"的封闭之谜。

藏经洞的发现，使敦煌再度辉煌，成为世人瞩目的焦点。古老的敦煌历经了千年沧桑，然而，岁月的苍老，没能掩盖敦煌文明的熠熠生辉；尘灰的旧暗，没能遮挡住敦煌文明的璀璨夺目。

虽然藏经洞再次被用土块泥巴封闭了起来，但敦煌莫高窟有珍贵文物的消息却不胫而走，而且越传越神秘。在当时，由于清政府的懦弱，许多帝国主义国家都对中国的领土和资源垂涎三尺，英国和俄国更是互相监视，怀疑对方向中国新疆扩张，都把眼睛紧紧盯在对方身上，一举一动都不放过。俄国看中的是新疆西部的绿洲地区，而英国人理直气壮地把新疆西南部看做是自己的势力范围。于是在我国西部地区总有一些觊觎中华宝藏已久的探险寻宝的外国专家学者们频繁出没。

第一个向藏经洞伸出黑手的，是沙俄帕米尔地质考察队的勃奥鲁切夫，他听说敦煌藏经洞被发现后，于当年10月到了敦煌，以少量的俄国商品作为交换，从王道士手里骗去了大批珍贵文书经卷。1914年，另一个叫鄂登堡的俄国人来到敦煌，弄走了为数可观的文物，并肆无忌惮地剥去了一批壁画和彩塑。

1906年2月，为英国服务的匈牙利人斯坦因从土耳其商人那里听到敦煌藏经洞的消息，假借考古名义来到敦煌，以极低的代价买通了王道士，花了七夜工夫恣意挑选他需要的东西。他选中的有保存良好、完整无缺的长经卷3000多卷、各种残篇6000多篇，装满了24只大箱子，另有5箱装满了精美的织绣和画有佛像的绢幡、绘画等。16个月后，这些东西运抵英国伦敦不列颠博物馆里。这个罪恶的掠夺者被授予一枚金质奖章。

敦煌藏经洞像一块鲜美的蛋糕,使那些垂涎者闻之而来。

1908 年,法国汉学家伯希和利用懂得中国文字的方便,把斯坦因忽略了的更珍贵的经卷和语言学、考古学上极有价值的 6000 多卷写本和一些画卷,装满了 10 辆大车运往巴黎。文物运走后,他本人带了一部分汉文写本到北京,夸耀于当时的文人学者中,引起了爱国学者的焦虑和愤慨,他们一再向政府呼吁抢救祖国这批珍宝。清政府这才拨款到甘肃,命令敦煌县令陈泽,把莫高窟宝库里所余的古写本全部运到北京。这批宝贵文物在启运来京途中又被层层盗窃、撕裂,损坏很多。到北京后只剩下 8697 卷了,经整理后存入当时京师图书馆。

其实王道士没有把东西全部上缴,他秘密保存了一部分古写本,于 1911 年 10 月又卖给日本人 300 多卷写本经卷和两尊精美的唐代塑像。

1914 年,斯坦因第二次来到莫高窟,又用 500 两银子向王道士买走了 600 多卷佛经。

1924 年,美国的华尔纳来到莫高窟,采取剥离壁画的方法盗窃敦煌壁画。他用预先制好的特殊化学胶布贴在选好的壁画上,用力摩擦后壁画就留在了胶布上。他用这种办法粘剥了唐窟最精美的壁画 26 方,还偷走几尊唐代彩塑。这些东西现在都收藏在美国哈佛大学的福格艺术博物馆以及波士顿博物馆。以后华尔纳做了更充分的准备,带了助手到中国,准备进行一次大规模剥离,被当地人民发觉,才匆匆离去。

后来,华尔纳还根据自己的经历,写了一本名为《在中国漫长的古道上》的书,其中说道:"我除了惊讶得目瞪口呆外再无别的可说。现在我才明白,为什么我要远涉重洋,跨过两个大洲,来到荒凉的中国。"继而,他讲出了整个莫高窟搬迁的计划,甚至想让莫高窟成为空洞,"我计划使这个地方 20 年后将不值得一看"。其狼子野心可谓昭然若揭。强盗的嘴脸固然狰狞可恶,而麻木的王道士居然仍对此熟视无睹。也难怪后人评论藏经洞文物流失这段公案时气愤地说,"最为痛恨的是洋人,而最该怪罪的是王道士!"

在短短的 18 年中,数以万计的珍贵文物就这样流失了,除了现在中国国家图书馆藏及相关单位收藏部分文书外,英国图书馆现藏 13000 余件,法国国家图书馆现藏 5700 余件;俄罗斯科学院东方学研究所圣彼得堡分所现藏 10000 余件。

敦煌莫高窟经历了 1600 多年的历史,已遍体鳞伤,但旧的创伤还没医好,在抗日战争时期又遇到新的威胁,河西走廊成了国防重地,一些人借"考察"、"游览"之名破坏文物。爱国学者见此状痛心疾首,呼吁政府妥善保管。呼吁得到民众和舆论的支持,国民党政府不得不出面应付,在 1943 年成立了敦煌艺术研究所。但国民党政府却拖欠办公费,使立志保护敦煌艺术的美术工作者忍饥挨饿地坚持工作。他们顽强地坚持在阴冷黑暗的洞窟中一手持灯,一手绘画,完成了数以千计的摹本,整理编写了不少资料。

1945 年,国民党下令取消敦煌研究所,爱国学者几经抗议才得以保存,但困难越来越多。

1949 年 9 月,敦煌在中华人民共和国成立前夕回到人民手中,1950年中央人民政府将研究所改组成立敦煌文物研究所,增加经费,改善工作条件,使研究所开始了卓有成效的工作。

以后,曾三次在北京举行了敦煌艺术展览会,每次都取得了成功。

1962 年,周恩来总理亲自批准了莫高窟全面维修方案。很快,五座暴露在风沙中的唐宋木构檐修理复原;各洞窟安设了门窗;修筑了长长的防沙墙和防沙沟。又在南段发掘出三个底层洞窟。无数敦煌人的心血没有白费,在他们的共同努力下,古老的莫高窟终于重放异彩。莫高窟回到了人民手中,它将永远属于人民。

塞外明珠——承德避暑山庄

避 暑山庄在河北承德市区北部,是我国现存最大的园林,比颐和园大了将近一倍,避暑山庄是清代皇帝夏日避暑和处理政务的场所,又名热河行宫、承德离宫。始建于康熙四二年(1703 年),建成于乾隆五十五年(1790 年),拥有殿、堂、楼、馆、亭、榭、阁、轩、斋、寺等建筑 100 余处。它的最大特色是山中有园,园中有山,山区占了整个园林面积的五分之四,形成了群峰环绕,沟壑纵横,清泉涌流,密林幽深的独特景色。

探寻承德避暑山庄的由来,要从喀喇河屯行宫说起。喀喇河屯是蒙语,意为"黑城"、"乌城"。喀喇河屯位于滦河(古称濡水)和伊逊河(古称索头水)的两河汇合处,即今天的承德市滦河镇和承德钢铁集团有限公司一带。早在西汉时期,这里就是白檀城。元、金时期为大兴州管辖。顺治八年(1651 年),顺治皇帝和多尔衮第一次巡幸塞外,驻跸喀喇河屯,这里壮丽的山川,丰美的水草,可耕可牧,引起他们的极大兴趣,决定修建喀喇河屯避暑城。多尔衮命户部加派直隶等九省加收地丁银 249 万余两,以备工程之用。多尔衮的计划还未实施,他就于当年十二月死于喀喇河屯。康熙十六年(1677 年),喀喇河屯避暑城建成,这里便成了清朝的第二政治活动中心。

康熙四十二年(1703 年)是康熙五十大寿,康熙驻跸于喀喇河屯,并在喀喇河屯修建清代在塞外敕建的第一座宏伟的寺院——穹览寺。康熙在《御制穹览寺碑文》中说:"朕避暑出塞,因其地土肥水甘,泉清峰秀,故驻跸于此,未尝不饮食倍加,精神爽健,所以鸠工此地,建离宫数十间……日理万机，未尝少缀，与宫中无异。万机偶暇，即穷经史性理诸书，临池挥翰，膳后较射观德，以安不忘危之念，此其大略也。"这处行宫以"小金山"为中心，沿滦河两岸建有秀野轩、逍遥楼、翠云堂及滦阳别墅等。在热河行宫建成前，康熙北巡、木兰秋狝均以此为据点。喀喇河屯行宫于 1925 年被军阀拆毁，现为中国北方钒钛基地——承德钢铁集团有限公司所在地。

康熙帝像

康熙四十一年(1702 年)闰六月十四日，康熙带着太后、诸子和王公大臣从喀喇河屯进驻热河下营(承德市大石庙镇庄头营子村一带),并从这里出发,为建行宫而勘察热河。他亲自访问"村老野父",又亲自沿热河(武烈河)两岸巡视,看到清凉流水,万壑松涛,尤其是独擎云天的奇特山峰——磬锤峰,顿时感到热河上营(今承德市避暑山庄一带)是塞外难得的风水宝地。于是康熙决定在此建立热河行宫,他亲自设计方案,调集大批民夫和全国的能工巧匠,并于康熙四十二年七月(1703年9月)破土动工,先从疏浚湖泊和修筑湖中的"芝径云堤"着手,开始了修建热河行宫的浩大工程。康熙五十年(1711年),康熙皇帝亲笔为热河行宫正式题名"避暑山庄",并撰写《避暑山庄记》。从破土动工到乾隆五十七年(1792年)松鹤斋内继德堂的翻修完成,避暑山庄建造共历时89年。

承德避暑山庄建成后,康熙皇帝每年都会在这里接见蒙古族的王公贵族,与他们在这里参加围猎、分封赏赐,有效地联络了民族感情。因此,避暑山庄成为大清帝国仅次于紫禁城的第二个政治军事活动中心。

康熙皇帝之后,乾隆皇帝又对承德避暑山庄进行了大规模扩建和改造,使庄内主要景观超过了72处,但为了不超过其祖父的36处,乾隆对其中的36处景观进行三字题名,共得72景,新扩建的避暑山庄也于乾隆五十五年(1790年)完工。并借助自然和野趣的风景,形成了东南湖区、西北山区和东北草原的布局,构成了一个完整的避暑山庄。

保存至今的承德避暑山庄,宫墙长约10千米,形似长城。墙内是宫殿区,墙外是湖区、平原区和山区。宫殿区在山庄的南部,是清代皇帝处理政务、举行庆典、会见外国使臣和帝后居住的地方,包括正宫、松鹤斋、万壑松风、东宫四组宫殿建筑。宫殿区最南端的丽正门是山庄的正门,过了丽正门,再经阅射门就见"避暑山庄"四个大字高悬。这四个字由康熙皇帝亲笔书写。接着是重重院落组成的正宫,九间建筑,显示皇帝"身居九重"的地位。

承德避暑山庄

在承德避暑山庄，"澹泊敬诚殿"是宫殿区的正殿，该殿名取自诸葛亮名句"非淡泊无以明志，非宁静无以致远"。澹泊敬诚殿面阔七间，进深三间，单檐歇山顶，布瓦顶，整个大殿的全部构件均用珍贵的楠木制成，古朴典雅，芳香浓郁。

如意岛是湖区中最大的一岛，坐落在整个湖区的最高点澄湖东岸，有延薰山馆、一片云、沧浪山岛等。湖区北部，即是平原区。这里有一片面积六七十公顷的平原，榆树茂密，牧草丛生，羊群出没，一派北国风光。另外，还有文津阁、万树园、永佑寺、千尺雪等建筑。

山区主要是以梨树见胜。松林峪是梨树峪的支峪，一眼望去，松林遍谷，山泉野涧流水汩汩不绝。两峪之间主要有"澄泉绕石"、"梨花伴月"、"四面云山"等景点。"澄泉绕石"可见亭下泉水不断从岩缝涌出。行至北山坡，又是一组布局严整的建筑群，门殿 3 楹，3 层殿阁，步步升高，四周回廊环抱，殿外有廊、廊外有殿，素瓦盖屋，周围遍植梨树，成为梨花伴月的胜景，让朴素淡雅的山村野趣呈现自然山水的本色。

"烟波致爽"是康熙皇帝钦定的避暑山庄三十六景中的第一景。这里绿草如茵,古松如盖,晴无酷暑之感,夜无风寒之忧,给人以旷然爽朗的感觉。烟波致爽殿也建在这里,它是皇帝在山庄里的寝宫。它的名称由来是因为该地"四围秀岭,十里澄湖,致有爽气"。每当夏雨初晴或秋风乍起的时候,这座宽敞的殿宇外面,纤尘不到,积雾全空,给人以旷然爽朗的感觉。康熙在《御制避暑山庄诗》里有一首吟咏烟波致爽殿的诗:

山庄频避暑,静默少喧哗。

北控远烟息,南临近壑嘉。

春归鱼出浪,秋敛雁横沙。

触目皆仙草,迎窗遍药花。

炎风昼致爽,绵雨夜方赊。

土厚登双谷,泉水剖翠瓜。

古人戍武备,今卒断鸣笳。

生理农商事,聚民至万家。

烟波致爽为人所知不仅因为其风景秀丽,还因为这里曾上演过一幕最令人惊悚的历史剧:

咸丰十年(1860 年)9 月,英法联军进犯北京。咸丰皇帝仓皇逃到热河,于 9 月 30 日住进离宫烟波致爽殿。当时贵妃叶赫那拉氏就住在西边的小院里。咸丰帝安排恭亲王奕䜣留守北京"督办和局",同英法和沙俄侵略者签订了丧权辱国的中英、中法、中俄《北京条约》,使中国丧失了大片领土和主权。1861 年 8 月 22 日,咸丰帝在烟波致爽殿病逝。根据他的遗诏,他的 6 岁的儿子载淳(同治帝)在山庄即位,由怡亲王载垣、郑亲王端华、户部尚书肃顺等八大臣辅佐载淳。

烟波致爽殿内景

　　母以子贵,作为载淳的生母,叶赫那拉氏自然成为皇太后,与咸丰帝的皇后钮祜禄氏同为东、西太后,那拉氏为西太后,即慈禧太后,钮祜禄氏为东太后,即慈安太后。慈禧野心勃勃,对权力垂涎已久,这一点早被肃顺等八大臣看出,所以他们对她早有戒心,坚决反对她干预政事。

　　为排除异己,达到垂帘听政的目的,慈禧开始暗中谋划,召恭亲王奕䜣由北京赶赴热河。9月5日,奕䜣来到避暑山庄奔丧。就在山庄的离宫中,慈禧与奕䜣秘密商定了回北京发动政变的计划。11月1日(九月二十五日),慈禧在回到北京的第二天,就以同治的名义发布上谕,解除载垣、端华、肃顺等人的职务,并予以逮捕。11月8日(十月初六日),又下谕将肃顺斩首,令载垣、端华自尽,八大臣中另外五人处以革职或充军。通过这一系列的举动,慈禧终于夺取了她渴望已久的清王朝的最高权力。她当政的半个世纪,也是中国历史上最黑暗的时期。

　　在承德避暑山庄东部和北部,环列着12座色彩绚丽、金碧辉煌的大型寺庙。这些寺庙建筑雄伟,风格各异,是汉、蒙、藏文化交融的典范。其中有八座寺庙因坐落在古北口外,被称为"外八庙"(即口外八庙之意)。久而久之,外八庙便成为这12座寺庙的代称。这外八庙分别为:普宁寺、普陀宗乘之庙、须弥福寿之庙、普乐寺、安远庙、普佑寺、溥仁寺、溥善寺。1994年12月,外八庙和避暑山庄一起被列为世界文化遗产。

外八庙

外八庙中,除溥仁寺、溥善寺建于康熙年间,其余10座寺庙均建于乾隆年间。清朝兴建这些寺庙,是为了顺应蒙、藏等少数民族信奉喇嘛教的习俗,以达到清王朝"合内外之心,成巩固之业"的政治目的。

普陀宗乘之庙仿西藏布达拉宫修建,规模宏大、气势磅礴,是外八庙中占地面积最大的一座。寺内数十组红台和白台纵横交叉,错落有致。而最后一组大红台建筑,似耸立蓝天之中,台顶钻出镏金的万法归一殿顶,并衬出慈航普度和权衡三界亭的翼檐,整个寺庙的建筑形式和建筑艺术均为藏族手法，人称小布达拉宫。

普乐寺又称圆亭子，其主殿旭光阁，重檐圆顶，极似北京天坛祈年殿，内部供奉的"上乐王佛"俗称"欢喜佛"，属藏传佛教的密宗范畴，较为罕见。

普宁寺前半部为伽兰式布局，后半部为曼荼罗式布局。主殿大乘之阁象征着须弥山，两侧有象征太阳和月亮的日殿与月殿。阁四周的黑、白、红、绿四色塔，代表着佛的四智。假山上的方形殿、月形殿和日形殿，代表着四大部洲，不同形状的十一个白台，代表着八小部洲，整个建筑融合了汉、藏和印度的艺术风格，构成以佛为主体的佛国世界形象。

山庄东北的安远庙，仿新疆伊犁河北的固尔札都纲式枉修建，因此又称伊犁庙。

须弥福寿之庙又称班禅行宫，是班禅来承德时居住和诵经传法之所，它取藏式建筑外观，仿西藏日喀则扎什伦布寺而建。内部布局则参用汉式风格。

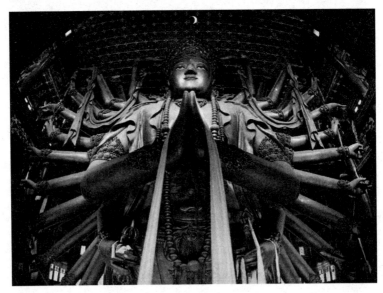

须弥福寿之庙内供奉的上乐王佛

1778年，西藏政教首领六世班禅听说乾隆要举行七十寿典的消息后，准备进朝祝贺。作为宗教领袖，班禅在北方少数民族中的地位非常高。

为了处理好这"一人来朝而万众归心"的重大事件，取得蒙、藏民族的欢心，稳固边疆，乾隆想到了给班禅修建行宫。他把行宫的地址选在避暑山庄以北，普陀宗乘之庙以东的山坡上，模仿班禅在西藏日喀则的扎什伦布寺的形制，建造须弥福寿之庙，意思是"多福多寿，如意吉祥"。

1779年6月，班禅从西藏日喀则启程，率领高僧百余人，护送僧俗代表2000多人，历时1个多月到达避暑山庄。

令班禅没有想到的是，乾隆与班禅的对话大多使用藏语，因为乾隆在知道班禅要来贺寿时就开始学习藏语了，这让班禅深受感动。班禅在避暑山庄住了1个多月，在须弥福寿之庙中讲经和主持法会，皇室宗亲、蒙古王公等各族首领都来求班禅摩顶。班禅的到来，对于增进中国各少数民族间的团结，意义非凡。

外八庙的建筑手法，从侧面反映出当时清朝鼎盛时期的包容的心量，同时也体现着多民族融合的态势。

提到承德避暑山庄，我们就得说一说木兰围场。在长城以北，康熙圈定了位于蒙古高原上一处水草丰美的天然牧场，设置皇家狩猎的木兰围场，并派兵驻守。

每年秋天，康熙总是亲率皇子皇孙、王公大臣、八旗官兵、亲信侍卫数万大军，从古北口出塞，与北方来迎驾的蒙古王公合兵一处，浩浩荡荡开赴木兰围场，进行狩猎，史称"木兰秋狝"。在清代康熙到嘉庆的140多年里，在这里就举行木兰秋狝105次。清朝在沿岸修建了许多行宫，于是有了承德避暑山庄、外八庙。如今在青山绿野中仍有古朴典雅的七道碑，独特的庙宫合一的建筑——东庙宫，富有传奇色彩的练兵台、将军泡子。

木兰围场是满语、汉语的混称。木兰是满语"哨鹿"的意思。什么是哨鹿呢？每次打猎开始，先由管围大臣率领骑兵，按预先选定的范围，合围靠拢形成一个包围圈，并逐渐缩小。头戴鹿角面具的清兵，隐藏在圈内密林深处，吹起木制的长哨，模仿雄鹿求偶的声音，雌鹿闻声寻偶而来，雄鹿为夺偶而至，其他野兽则为食鹿而聚拢。等包围圈缩得不能再小了，野兽密集起来时，大臣就奏请皇上首射，皇子、皇孙随射，然后其他王公贵族骑射，最后是大规模的围射。承德避暑山庄博物馆内有一幅《乾隆木兰秋狝图》，生动地描绘了清代围猎的壮观情景。每次围猎，一般要进行二十几天。围猎结束以后，以张三营行宫举行盛大的庆功告别宴会，饮酒歌舞，摔跤比武，并宴请蒙古族王公，按军功大小，予以奖赏。

木兰围场声势浩大的围猎决不是单纯的皇家休闲娱乐活动，而是每年一度的大规模军事演习，数万大军的强大阵势，以及康熙帝高超的骑射本领，形成一种威慑，让北方的蒙古王公们不敢再怀有异心。

木兰围场

（说明：本书使用的个别图片无法与原作者取得联系，在此表示歉意，敬请原作者及时与我社联系，我社将按照有关标准支付报酬。）